"Cuando se trata de alcanzar grandes metas, gran parte de la sabiduría convencional es claramente incorrecta. En *Tu mejor año*, Michael Hyatt bosqueja un programa sencillo, respaldado por la investigación más moderna, ¡para alcanzar tus sueños!".

TONY ROBBINS
Autor del éxito de ventas del *New York Times, Inquebrantable*

"Las metas generosas funcionan (si las escribes) y los libros poderosos funcionan (si los lees). Michael Hyatt ha creado un modo divertido y rápido para encontrar tus sueños y después convertirlos en realidad".

SETH GODIN
Autor de *Linchpin*

"*Tu mejor año* está lleno de historias persuasivas y reales de personas promedio que han alcanzado resultados extraordinarios. Por favor, acepta mi consejo y compra este libro solamente si quieres ser capaz de echar la vista atrás dentro de doce meses y decir: ¡Ese sí que fue mi mejor año!'".

JOHN C. MAXWELL
Autor, conferencista, y experto en liderazgo

"La mejor parte de este libro es que, antes de escribirlo, Michael pasó décadas viviéndolo. Es como si Michael Jordan escribiera un libro sobre básquet".

JON ACUFF
Autor del éxito de ventas del *New York Times,*
Piensa mejor sin pensar demasiado y *Una meta es todo lo que necesitas*

"Seamos sinceros... las resoluciones sencillamente no funcionan. Por eso muchos gimnasios están vacíos, e incluso más presupuestos estallan antes del día de San Valentín cada año. Si realmente quieres que las cosas cambien durante los próximos doce meses, mira lo que *Tu mejor año* tiene que decir, y después haz lo que dice".

DAVE RAMSEY
Autor de éxitos de ventas; presentador de radio emitida nacionalmente

"Michael ha sido un amigo de confianza y guía por mucho tiempo. Este es un manual de estrategias para el éxito en las relaciones, los planes, y las hermosas ambiciones que tienes para ti mismo y para las personas que más amas".

BOB GOFF
Autor del éxito de ventas del *New York Times, El amor hace*

"Hay muchas personas que hablan sobre metas, pero escucha a Michael. Él arraiga estos consejos en la investigación sensata. Una guía estupenda".

DR. HENRY CLOUD
Psicólogo; autor de éxitos de ventas del *New York Times*

"No solo voy a hacer que todo mi equipo en Franklin Covey lea *Tu mejor año*; haré que también lo lean mis tres hijos que están en edad universitaria. ¡Michael nos da un mapa de ruta profundo para la esperanza y el logro! Es sabiduría poco común de un líder extraordinario, ¡a quien estoy agradecido de poder llamar amigo!".

CHRIS MCCHESNEY
Coautor de *Las 4 disciplinas de la ejecución*

"A lo largo de tu vida conocerás a tres tipos de líderes. El primero inspira ambición, sin resultados. El segundo mejora los resultados, pero ignora el espíritu. En *Tu mejor año*, Michael Hyatt demuestra que él es el tercer tipo de líder, poco común: uno que eleva nuestro desempeño y a la vez eleva nuestra alma".

SALLY HOGSHEAD
Autora de éxitos de ventas del *New York Times*;
creadora de *How to Fascinate*

"Durante los últimos años he remitido a cientos de personas a Michael Hyatt para ayudarles a crear su mejor año. ¿Por qué? Su trabajo está basado en la mejor ciencia disponible, además de la experiencia real de ayudar a más de 25.000 personas a diseñar su año ideal. Me encanta que él haya plasmado en este libro lo mejor de su trabajo".

JEFF WALKER
Autor del éxito de ventas del *New York Times, Launch*

"Por más de una década he conocido a Michael como un exitoso líder y emprendedor. En *Tu mejor año* comparte el sistema sencillo y demostrado que él usa para alcanzar sus metas más importantes. Este libro puede ayudarte a alcanzar incluso más de lo que pensabas que era posible".

ANDY STANLEY
Pastor principal de North Point Community Church;
Autor de *Visioingeniería*

"Veinticinco mil estudiantes. Veinte años de perspectiva. Quince capítulos cuidadosamente madurados. Cinco pasos poco convencionales. Todo ello en un libro que te guiará hacia tu mejor año. ¿Qué podría ser más esencial que eso?".

GREG MCKEOWN
Autor del éxito de ventas del *New York Times, Esencialismo*

"Michael Hyatt ha escrito un tratado inteligente, basado en la evidencia, y muchas veces sorprendente sobre cómo establecer las metas correctas y después seguirlas hasta ver su cumplimiento. Lectura obligada para cualquiera que busque dar pasos sistemáticos hacia mejorar su vida".

CAL NEWPORT
Autor del éxito de ventas del *New York Times, Céntrate*

"*Tu mejor año*, de Michael Hyatt, es el mejor recurso sobre establecimiento de metas que he leído nunca. También nos ayuda a enfatizar nuestro propósito central, lo cual es importante porque las metas con propósito tienen mucha más probabilidad de alcanzarse. Consigue este libro. Te mostrará cómo convertir tus metas en realidad".

JON GORDON
Autor del éxito de ventas del *New York Times, El bus de la energía*

"Todos queremos cosas buenas: un matrimonio, negocio, familia o vida espiritual satisfactorios. Conseguirlos es otra historia. Por fortuna, Michael Hyatt comparte lo que funciona no solo para él sino también para los cientos de miles de sus estudiantes de *Tu mejor año*. Yo he utilizado este sistema durante años por una sencilla razón: es el mejor que hay disponible".

DONALD MILLER
Autor de éxitos de venas del *New York Times*; fundador y
CEO de StoryBrand

"Michael Hyatt tiene facilidad para hacer que lo complejo sea sencillo. Todavía mejor, hace que sea útil. Nada ejemplifica eso mejor que *Tu mejor año*. Cualquiera puede poner estos cinco pasos en movimiento en su propia vida hoy".

DAN SULLIVAN
Presidente de The Strategic Coach Inc.

"Soy un seguidor de Michael Hyatt. He practicado todo lo posible gran parte de lo que él enseña. He liquidado toda mi deuda, he escrito libros que nunca se habrían publicado sin su inspiración, y he seguido sus consejos en muchas otras áreas de mi vida. Ahora tú también puedes hacerlo. El precio de *Tu mejor año* es muy barato a cambio del *mejor consejo*".

STEPHEN ARTERBURN
Autor de éxitos de ventas del *New York Times*; fundador de New Life

MICHAEL HYATT

AUTOR DE ÉXITO DE VENTAS DEL *NEW YORK TIMES*

TU

UN PLAN DE 5 PASOS PARA

MEJOR

ALCANZAR TUS METAS

AÑO

MÁS IMPORTANTES

WHITAKER
HOUSE
Español

Traducción al español por:
Belmonte Traductores
www.belmontetraductores.com

Edición: Ofelia Pérez

Tu mejor año
Un plan de 5 pasos para alcanzar tus metas más importantes
Edición revisada y actualizada
© 2023 por Michael Hyatt

ISBN: 979-8-88769-064-3
e-book ISBN: 979-8-88769-065-0
Impreso en los Estados Unidos de América

Whitaker House
1030 Hunt Valley Circle
New Kensington, PA 15068
www.whitakerhouse.com

Por favor, envíe sugerencias sobre este libro a: comentarios@whitakerhouse.com.

1 2 3 4 5 6 7 8 9 10 11   **W**   30 29 28 27 26 25 24 23

ÍNDICE

PASO 3 DISEÑA TU FUTURO

PASO 4 ENCUENTRA TU PORQUÉ

PASO 5 HAZ QUE SUCEDA

LO MEJOR PARA TI ESTÁ AÚN POR LLEGAR

Tu tarea no es predecir el futuro, sino posibilitarlo.
—ANTOINE DE SAINT-EXUPÉRY

Lo que cuenta no es de dónde vienes, sino hacia dónde vas.
—ELLA FITZGERALD

Cuando Edmund Hillary decidió que algún día escalaría el Monte Everest, nadie realmente creyó que lo haría. ¿Por qué iba a hacerlo? Él era sencillamente un apicultor en Nueva Zelanda, a un mundo de distancia. El montañismo era tan solo un pasatiempo para Hillary. Cualquier conversación sobre ascender el monte más alto y más imponente del mundo parecía una locura. Además, ya había habido varios intentos anteriores sobre el Everest. Nadie había tenido éxito, y muchos escaladores habían muerto en el intento. Aun así, Hillary se aferraba a su sueño.

Dado de baja del ejército tras una lesión en diciembre de 1945, Hillary comenzó a hacer realidad ese sueño. Aprendió ascenso avanzado de rocas y de hielo, y dominó el uso del picahielo, las cuerdas, y otro equipamiento necesario para llegar a la cumbre, incluyendo también equipo de oxígeno para las grandes altitudes. Practicó ascendiendo cumbres en Nueva Zelanda y Europa. Finalmente, en 1951 recibió una invitación para ir al Himalaya en una expedición para explorar una camino hasta el Everest.

Había comenzado la carrera. Muchos otros en el grupo competían también por la distinción de ser el primero en llegar a la cumbre. Trabajando con guías sherpa, la expedición identificó la mejor ruta de ascenso del monte. Sobrevivieron a avalanchas y cascadas de hielo, un frío brutal, y falta de oxígeno. Entonces, en 1953 lo intentaron de nuevo. El 26 de mayo, dos escaladores en la misma expedición casi llegaron a la cumbre, pero no lo consiguieron tan solo por unos cientos de metros.

Pero no Hillary. Tres días después, el 29 de mayo, Edmund Hillary llegó a la cumbre. Él y su sherpa, Tenzing Norgay, finalmente culminaron el pico de 29.000 pies. "Unos golpes más al hielo, unos pocos pasos más, y estábamos en la cumbre del Everest", dijo Hillary de los momentos finales.[1] Por lo que sabemos, ellos fueron las dos primeras personas en el mundo en llegar a la cima del monte. "Seguimos adelante", dijo Norgay. "Estábamos ahí. El sueño se había hecho realidad".[2]

¿Y qué de ti? ¿Cuál es tu sueño?

¿Tienes un Everest que quieres escalar? ¿Es comenzar un nuevo negocio? ¿Es recuperar tu salud? ¿Duplicar tus ingresos familiares? ¿Escribir un libro? ¿Salir de la deuda? ¿Pasar más tiempo con tu familia y amigos? ¿Dominar un nuevo deporte o pasatiempo difícil? ¿Aprender un segundo idioma para poder experimentar otra parte del mundo, o más del que ya habitas?

Los sueños son tan diversos como sus soñadores. Y creo que cualquier sueño que te inspire y mejore tu vida vale la pena perseguirlo. Podrías estar ya persiguiendo varios; sin embargo, todos enfrentamos reveses. Es parte de la búsqueda. No hay logro sin alguna fricción, alguna resistencia; y tal vez mucha.

Quizá esos reveses están en tu pasado, informando tu experiencia presente. Tal vez estás luchando en este momento para superar un revés importante. En ese caso, te identificarás con Heather Kampf. Creo que todos podemos hacerlo.

UN TROPEZÓN DE LA VIDA

Heather Kampf es una corredora muy condecorada que tiene un impresionante historial de logros, entre los que se incluyen tres campeonatos estadounidenses de milla en carretera. Sin embargo, lo más impresionante fue la vez que obtuvo el primer lugar en la final de 600 metros en el campeonato Big Ten Indoor Track de 2008 después de caerse de bruces. En la carrera de 600 metros los corredores dan tres vueltas alrededor de una pista de 200 metros. Cuando se acercaba la tercera y última vuelta, Kampf estaba en segunda posición y lista para pasar a la primera. Entonces, en un abrir y cerrar de ojos, todo cambió.

"Estaba haciendo un movimiento para rebasar... y probablemente no tuve en cuenta que hubiera espacio suficiente para mi larga zancada", recordaba ella. "Sentí un pequeño golpe en mi talón, y entonces la segunda vez supe que me caería".[3] Más que caer, Kampf se despatarró. Fue deslizándose por el suelo, con la cara rebotando sobre la pista rojiza mientras su impulso echaba a volar sus piernas a sus espaldas. Los espectadores dieron un grito ahogado. Fue una dura caída que al instante la derribó hasta quedar a la cola del grupo sin tener prácticamente esperanza alguna de recuperar terreno.

Cuando se trata de alcanzar nuestras metas, sé que muchos de nosotros nos sentimos así. Comenzamos con fuerzas y damos grandes zancadas, cobrando impulso a medida que avanzamos. Entonces nos descarrilamos o no estamos a la altura de nuestras esperanzas. No siempre, pero las veces suficientes para que la mayoría de nosotros podamos señalar varios reveses o fracasos con decepción y lamento.

Nada simboliza este tipo de frustración como las resoluciones de Año Nuevo. Las personas las han hecho toda la vida. Algunos las hacen cada año, y la mayoría de nosotros las hemos hecho en el pasado: seis de cada diez estadounidenses fijan resoluciones al menos algunos años.[4] Sin embargo, solamente porque algo sea popular no significa que funcione.

UN SISTEMA DEFECTUOSO

Hashtags como #resolucionfallida comienzan a ser tendencia en las redes sociales horas después del comienzo del nuevo año. "Me alisté para ir al gimnasio, metí mi equipo en la bolsa, y en cambio fui a comer una hamburguesa #resolucionfallida", bromeó una mujer el día 3 de enero. "Compré a mi gemela ropa deportiva para nuestro cumpleaños, y aún tenemos que levantar algo distinto a un tenedor", dijo otra al día siguiente.[5]

Apuesto a que la mayoría de nosotros podemos identificarnos. Por lo general aguantamos algunas semanas, pero menos de la mitad permanecen después de seis meses. No es extraño que la mitad de nosotros digamos que las resoluciones no tienen caso, y menos de una tercera parte de nosotros estamos de acuerdo en que las resoluciones han ayudado a mejorar nuestras vidas.[6] Las cifras varían dependiendo de los sondeos que consultemos, pero el éxito supremo nos resulta elusivo a todos excepto a unos pocos; de hecho, muchos de nosotros dejamos de hacer resoluciones porque no las hemos cumplido en el pasado.

Bienvenido al club. Somos como crías de tortuga, que aparecen con determinación para sobrepasar las dunas y llegar al océano que está detrás. Entonces las gaviotas se abalanzan en picada y comienzan a picarnos uno por uno.

Algunas industrias cuentan con nuestro fracaso. Los gimnasios venden contratos de un año entero sabiendo que la mayoría de los clientes dejarán de ir tras unas cuantas semanas. La NPR (Radio Pública Nacional) hizo una cobertura a una cadena de gimnasios con 6.500 miembros por ubicación y espacio solamente para 300 cada vez.[7] Los gimnasios pueden permitirse vender por encima de su capacidad porque saben que nos distraeremos o nos desalentaremos, y perderemos el interés. ¿Cómo se siente saber que las personas suponen que fracasaremos, y después se benefician cuando lo hacemos?

Esto es algo más que tweets divertidos y estadísticas tristes. Nuestras metas reflejan muchos de nuestros deseos y aspiraciones más importantes: nuestra determinación de hacer un cambio y mejorar nuestra vida. Consideremos algunas resoluciones comunes que hacen las personas:

- Perder peso y comer más sano
- Ser una mejor persona
- Gastar menos, ahorrar más
- Profundizar su relación con Dios
- Pasar más tiempo con familia y amigos
- Hacer ejercicio más a menudo
- Aprender algo nuevo
- Reducir el estrés
- Hacer más obras buenas por los demás
- Encontrar al amor de su vida
- Encontrar un empleo mejor[8]

Por lo general, hablamos sobre nuestra salud, riqueza, relaciones, y desarrollo personal. Entiendo eso. Mi suposición principal en este libro es que eres un gran triunfador con educación académica que quiere crecer personalmente, profesionalmente, relacionalmente, intelectualmente y espiritualmente. Y eso es importante.

Cuando personas como tú alcanzan todo su potencial, el mundo tiene más matrimonios felices, los niños tienen a sus mamás y papás a su lado en la noche, los negocios tienen líderes dignos de admirar y emular, y tú tienes la salud y vitalidad necesarias para impulsar tus sueños. Una decisión intencional cada vez, y hacés que el mundo que te rodea sea mejor. Esa es exactamente la razón por la cual necesitamos un plan mucho mejor. Aspiraciones como esas son demasiado importantes para confiarlas a un sistema defectuoso.

UN PLAN MUCHO MEJOR

Algunas personas dicen que la mejor manera de alcanzar nuestras metas es jugar a lo seguro y establecer tan solo una o dos; pero para mí, eso es poner demasiadas cosas sobre la mesa, y probablemente para ti también. Ya seas un emprendedor, ejecutivo, abogado, comerciante, diseñador, vendedor, médico, coach, mamá o papá, esposo o esposa, o varias de esas cosas, estamos hablando de las cosas más importantes en la vida. Por lo tanto, ¿por qué dejar tantas esperanzas incumplidas? En lugar de reducir, necesitamos un sistema dirigido a funcionar. Necesitamos un método probado para establecer y alcanzar nuestras metas.

He estudiado desarrollo personal y logro profesional durante décadas, y he practicado ambas cosas en casa y en el trabajo. Como exdirector general de una corporación de 250 millones de dólares y ahora fundador y director general de Full Focus, una empresa de logro de metas y coaching, utilizo un sistema demostrado que incorpora salvaguardas para muchas de las dificultades y fracasos de las típicas metas y resoluciones.

A lo largo de los años he visto resultados asombrosos en mi propia vida y en las vidas de incontables personas con quienes he compartido el sistema. Cada año dirijo a miles por este proceso en nuestro evento anual ¡Tu mejor año en vivo! y nuestro curso Full Focus para establecer metas, sin mencionar los cientos de miles de personas que han aprendido partes y pedazos del sistema mediante nuestros podcast de Full Focus: *The Double Win* (La doble ganancia) y *Focus on This* (Enfócate en esto), y que lo han utilizado en sus propias vidas con la *Agenda Full Focus*™, que ha vendido más de un millón de ejemplares cuando escribo estas palabras.

Este libro proviene de todo ese aprendizaje, experiencia y enseñanza. Basado en décadas de experiencia práctica y la mejor investigación actual sobre alcanzar metas y logro humano, este libro está pensado para ayudarte a encontrar la claridad, desarrollar la valentía, y hacer uso del compromiso que necesitas para alcanzar tus metas personales y profesionales más importantes.

TU AÑO DE AVANCE

Cuando Heather Kampf golpeó el suelo, podría haberse quedado ahí. Ella fácilmente se pudo haber desalentado y haber admitido lo que todo el mundo ya estaba pensando: que su carrera había terminado. "Fue como si una aspiradora se hubiera tragado toda la energía del lugar", dijo del momento en el que se derrumbó. Uno de los presentadores incluso intentó suavizar el golpe. Ya que la compañera de equipo de Kampf había pasado a la delantera del grupo, dijo él, no habría problema si ella llegaba en último lugar.

Pero no fue así.

"Lo primero que recuerdo ver después de sentir que me caía, fueron mis manos sobre la pista cuando me estaba impulsando para levantarme", dice Kampf. Se levantó tan rápidamente como cayó y comenzó a acortar la distancia. La multitud respondió. "Cuando comencé a cobrar impulso, fue como un crescendo de ruido y emoción", recuerda ella.[9] Para sorpresa de los presentadores y los espectadores, sobrepasó a una corredora, después a otra, ¡y finalmente a su propia compañera de equipo para situarse en la *primera* posición!

La historia de Kampf nos proporciona una potente imagen de lo que puede suceder cuando nos mantenemos en el juego y seguimos adelante. Tal vez sientas que estás unos pasos por detrás, o quizá estés en las últimas posiciones del grupo y no ves cómo podrías recuperar el terreno perdido y alcanzar tus metas. Quédate con ese pensamiento.

Quiero que pienses en cómo podría verse un año verdaderamente exitoso para ti. Imagina que han pasado doce meses, y has alcanzado tus metas principales en todos los ámbitos de la vida (hablaremos más sobre eso en un momento). Piensa en tu salud. ¿Cómo es la sensación de estar en la mejor forma de tu vida? ¿Cómo te sientes al tener la energía para jugar durante horas con tus hijos, perseguir tus pasatiempos favoritos, y tener energía de sobra?

¿Estás casado? ¿Cómo es haber profundizado y enriquecido tu relación más importante, y sentir que no puedes esperar a pasar tiempo juntos? Imagina tu vida llena de intimidad, gozo y amistad con alguien que comparte tus prioridades más importantes, tus metas más significativas, y que provee el aliento y el apoyo que soñaste por tanto tiempo.

Considera tus finanzas. ¿Cómo es vivir sin deudas, tener dinero de sobra a final de mes? Imagina tener los recursos que necesitas para pagar tus gastos, protegerte contra acontecimientos inesperados, y también invertir para el futuro. Piensa en la seguridad que da tener bastantes ahorros, y cuán satisfactorio es proporcionar a tu familia la vida que ellos desean y merecen.

Reflexiona por un momento en tu vida espiritual. Imagina que tienes una sensación continuada de algo trascendente en tu vida, de una conexión con un propósito mayor y una historia más grande. Imagina despertarte agradecido e irte a la cama satisfecho. ¿Cómo se siente enfrentar los altibajos de la vida con paz en la parte más profunda de tu alma?

Imaginar estas posibilidades puede ser difícil para algunos. La vida puede sentirse caótica e insegura, y la incredulidad es una manera de prepararnos a nosotros mismos para lo peor; pero creo que la razón es mucho más profunda. La mayoría de nosotros tenemos un largo historial de no obtener lo que queremos de la vida. Tal vez establecimos metas muy grandes que no alcanzamos, o el futuro resultó ser distinto a lo que habíamos planeado. La vida nos lanza bolas curvas. Todos hemos estado en ese punto. La decepción se convierte en frustración, enojo, tristeza, y finalmente se dirige hacia el cinismo. Quizá en este momento estés sintiendo que levanta su fea cabeza.

Lo comprendo; y es totalmente normal, incluso necesario. "La razón por la que necesitamos el fracaso para aprender es clara", dice el profesor de la Universidad de Carolina del Norte, Bradley Staats. "El aprendizaje requiere probar cosas nuevas, y algunas veces las cosas nuevas no funcionan como esperábamos". La buena noticia, dice él, es que "el fracaso crea un potente cóctel de aprendizaje, mezclando ideas nuevas con información nobel y una motivación para experimentar".[10] Pero solamente si mantienes una mente abierta.

Sigue conmigo. A pesar de lo que haya sucedido en tu pasado, sea bueno o malo, es verdaderamente posible que este año sea tu mejor año, incluso en esas áreas donde has sufrido graves reveses. Voy a mostrarte cómo. Considera este libro como una invitación a convertir los doce próximos meses en los más significativos e importantes que hayas experimentado en tu vida hasta ahora. Podrías tener uno o muchos Monte Everest que escalar, y puedes llegar a la cumbre implementando el sistema y los principios de este libro.

¿CUÁL ES TU PUNTUACIÓN DE VIDA?

Tu Mejor Año está basado en cinco suposiciones clave. En primer lugar, *la vida real es multifacética*. Nuestras vidas son más que nuestro trabajo; son incluso más que nuestra familia. Como yo lo veo, nuestras vidas consisten en nueve dominios interrelacionados:

1. Cuerpo: nuestra salud física

2. Mente: nuestra salud mental y compromiso intelectual

3. Espíritu: nuestra conexión con Dios o algo mayor que nosotros mismos

4. Amor: nuestro cónyuge u otra persona importante

5. Familia: nuestros hijos, padres, y otras personas cercanas y queridas para nosotros

6. Comunidad: nuestros amigos, asociados, y los grupos más amplios de los que somos parte

7. Dinero: nuestras finanzas personales o familiares

8. Trabajo: nuestra profesión o carrera

9. Pasatiempos: nuestros hobbies y búsquedas personales

En segundo lugar, *cada dominio importa*. ¿Por qué? Porque cada uno afecta a todos los demás. Por ejemplo, tu condición física influencia tu trabajo. Y el estrés en el trabajo influencia tu vida en el hogar. Toda esta interrelación significa que tienes que darle a cada dominio la atención apropiada si quieres experimentar progreso en la vida.

En tercer lugar, *el progreso solamente comienza cuando tienes claro dónde estás en este momento.* Tal vez tengas un vago sentimiento de que las cosas se están desviando en tu carrera profesional, pero no has aceptado la verdad de tu situación. O quizá sientas que tu matrimonio se ha estancado o cayó en la rutina, pero no has tenido la valentía de admitir que estás atascado.

En cuarto lugar, *puedes mejorar cualquier dominio de la vida.* Sin importar qué esté sucediendo en el mundo o cuán desviado y frustrado te sientas, no tienes que conformarte con cómo son las cosas. El progreso y el crecimiento personal significativos son verdaderamente posibles. Sí, algunas cosas están fuera de tu control, pero hay más cosas dentro de tu capacidad de las que realmente comprendes; solamente se requiere comenzar.

Y eso me lleva a mi quinta y última suposición: *confianza, felicidad, y satisfacción en la vida son subproductos del crecimiento personal.* Una de las mejores maneras de vencer toda la incertidumbre que experimentamos en el mundo y hacer progreso en nuestras metas más importantes es llegar a ser plenamente conscientes de cuánto control tenemos en realidad. Es mucho más de lo que crees, y crecerá a medida que lo utilicemos.

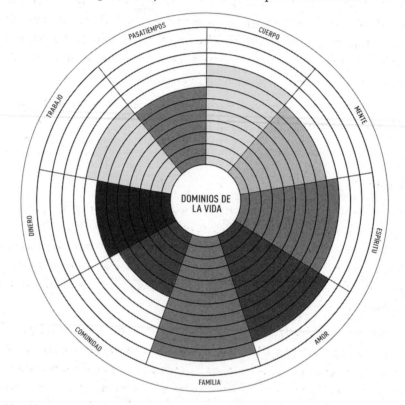

La vida consiste en nueve dominios interrelacionados. Entender la salud relativa de cada uno puede ayudarnos a hacer progreso en todos ellos. La escala representa la salud relativa en cada uno de los nueve dominios de la vida.

Para evaluar dónde te encuentras en este momento, te aliento a realizar una prueba en línea rápida y fácil llamada LifeScore® Assessment (Evaluación de Puntuación deVida). Puedes construir intencionalmente un crecimiento inmenso a lo largo del año próximo en los dominios más importantes de la vida, pero necesitas un punto de referencia de donde estás ahora para así poder identificar qué dominios necesitan mayor atención. Tal vez estás teniendo éxito en el trabajo, pero tu salud está sufriendo, o quizá estás haciendo un gran trabajo a la hora de conectar en el hogar, pero no tienes un plan práctico para tener ahorros para una emergencia.

Diseñé la Evaluación para ayudarte a detectar rápidamente áreas de mejora y medir tu crecimiento personal a lo largo del tiempo. Si aún no lo has hecho, usa el código QR o sigue el sitio web al final de este capítulo y calcula tu puntuación. Es rápido y fácil, y toma tan solo diez minutos. Lo mejor de todo es que te dará la perspectiva que necesitas para comenzar tu mejor año.

Pero eso es solamente el comienzo. Permíteme darte una vista general de hacia dónde nos dirigimos.

EL CAMINO POR DELANTE

He dividido mi proceso de alcance de metas en cinco sencillos pasos. En el paso 1 voy a ayudarte a vencer cualquier duda que podrías albergar en cuanto a experimentar tu mejor año. A menos que creamos que podemos alcanzar nuestras metas, seguramente fallaremos. Este paso te ayudará a quitar creencias limitantes e imaginar lo que podría significar para tu vida un año de avance.

En el paso 2 hablaré sobre pasar página con respecto al pasado. Arrastrar lo peor del pasado hacia lo mejor del futuro es otra de las razones por las que nuestras metas fracasan. Si cerramos el pasado, especialmente esos esfuerzos que no fueron observados ni recompensados, somos capaces de escalar nuestros Monte Everest y avanzar hacia el futuro. No estoy hablando de profundizar en tu niñez, sino solamente unos años atrás. Te daré un sistema de cuatro etapas para analizar lo que funcionó y lo que no funcionó, para que puedas avanzar con la sabiduría y perspectiva necesarias para diseñar el próximo año. Incluso te mostraré cómo algunas de tus mayores frustraciones en el último año señalan hacia tus mayores oportunidades en el siguiente.

En el paso 3 voy a darte un marco de siete partes para establecer metas que realmente funcionen. Es aquí donde observas que tus sueños cobran vida al lanzar tu visión para los meses que hay por delante. Parte del problema con las típicas metas y resoluciones es que están mal diseñadas. Metas como "hacer ejercicio más a menudo" o "gastar menos y ahorrar más" fallan en varias partes. Entre otras cosas, las metas efectivas son específicas y medibles. Las metas mal formuladas son metas fácilmente olvidadas. Esta estructura probada, por otro lado, te dará un portafolio de metas significativas y efectivas.

Otra razón importante por la que las metas fracasan es que no tenemos motivación suficiente para alcanzarlas. Sin una razón convincente para persistir, perdemos el interés, nos distraemos u olvidamos lo que nos proponíamos hacer. En el paso 4 te presentaré el motivador más poderoso que conozco: tu porqué. Cuando pongas esta pieza serás imparable, incluso cuando el camino se vuelva duro y aparezcan obstáculos en tu sendero. También te mostraré un truco infalible para permanecer motivado mientras cultivas nuevos hábitos beneficiosos.

Finalmente, en el paso 5 vamos a unir todas las piezas y empoderarte para pasar a la acción con las tres mejores tácticas que conozco para alcanzar las metas que has establecido. La mayoría de las metas fracasan porque pasamos por alto tácticas de implementación demostradas, pero a menos que alguien nos muestre lo que mejor funciona para alcanzar nuestras metas, quedamos en manos de la suerte y de golpes duros para descubrirlo por nosotros mismos. Este paso te ayudará a allanar la curva de aprendizaje. Es aquí donde aprenderás el poder de los siguientes pasos de acción bajos, revisión regular de metas, y desencadenantes de activación para vencer los obstáculos que se interpongan en el camino.

¿Será este próximo año tan solo un año más, no tan distinto al resto, o harás que este sea tu año de avance? No tienes que pasar un año más desalentado o decepcionado por no estar haciendo el progreso que quieres.

LAS METAS MAL

FORMULADAS SON

METAS FACILMENTE

OLVIDADAS.

DESPIERTA TUS ASPIRACIONES

Comencemos con un simple paso hacia tu Everest personal ahora mismo. Consigue un cuaderno, un diario o tu Planificador de enfoque total y anota algunas aspiraciones. Considere cada uno de los nueve dominios: cuerpo, mente, espíritu, amor, familia, comunidad, dinero, trabajo y pasatiempos. Si ha realizado la evaluación LifeScore, consulte su informe. ¿En qué dominios estás luchando? ¿En cuál estás prosperando?

Deja que eso te guíe mientras sueñas y escribes. ¿A qué aspiras? ¿Qué montaña(s) escalarás? Si te enfrentas a un Everest ambicioso como lo fue Edmund Hillary, debes saber que lo único que importa es poner un pie delante del otro para llegar a la cima. Si ha sufrido reveses, inspírese en Heather Kampf. Ningún fracaso es verdaderamente definitivo; son simplemente el preludio de lo que harás a continuación.

Comience una lista de aspiraciones y manténgala consigo mientras continúa leyendo. Agréguelo a medida que se le ocurran nuevas ideas.

CREE EN LA POSIBILIDAD

Hay un viejo dicho: "La historia no se repite, pero rima". Eso es especialmente cierto cuando pensamos en nuestras historias personales. ¿Por qué? Las circunstancias de nuestras vidas cambian semana tras semana, año tras año; pero seguimos siendo nosotros mismos. Y nuestros hábitos de pensamiento tienden a producir resultados regulares sin importar lo que está sucediendo en nuestro trabajo, nuestras relaciones o el mundo que nos rodea.

Si nuestros hábitos de pensamiento son beneficiosos, tendemos a experimentar resultados positivos como felicidad, satisfacción personal e incluso éxito material. Sin embargo, si nuestros hábitos de pensamiento son contraproducentes, con frecuencia experimentamos lo contrario: infelicidad, insatisfacción, y el molesto sentimiento de que todo está en contra nuestra, de que estamos andando en círculo y de no llegar a ningún sitio.

En el 2009, los investigadores del Max Plank Institute para la Cibernética Biológica se dispusieron a determinar si los seres humanos podían andar en línea recta sin pistas e indicaciones externas. Se les dijo a los participantes que caminaran durante horas en campos abiertos, por el desierto y por bosques varias veces al día. Si podían seguir el sol o la luna, las personas tendían a mantener un camino relativamente derecho, pero cuando las nubes cubrían el cielo, aunque las personas pensaban que estaban andando en línea recta, su percepción era fallida. Pequeños errores fortuitos les desviaban de su curso. Con el tiempo, sus propios caminos se cruzaban y daban vueltas en bucle. El estudio concluye que las personas caminan en círculo debido a "una creciente incertidumbre sobre dónde está un camino recto".[1]

Durante toda nuestra vida se nos pide que caminemos por líneas rectas sin guía alguna. Si estás cansado de andar en círculo, de progresar poco en la vida, la buena noticia es que puedes cambiar tu camino. Tus aspiraciones pueden servirte de brújula para que sigas caminando en la dirección correcta, especialmente si das el paso extra de convertirlas en metas concretas, pero, y este es el punto esencial, solamente si *crees* que esas metas se pueden alcanzar. Las creencias tienen ese poder, y descubriremos por qué en los capítulos siguientes.

Actualizar tus creencias te puede ayudar, incluso si tus hábitos de pensamiento ya te están haciendo un buen servicio. Ya sea que estés atascado o simplemente quieras mejorar algún área de tu vida, puedes experimentar una mejora personal transformadora en todas las áreas de tu vida ampliando tu sensación de lo que es posible. Comencemos.

1

TUS CREENCIAS MOLDEAN TU REALIDAD

> Vivimos por lo que creemos, no por lo que vemos.
> —ANGELA ARENDT

> Lo que sucede tiene poca importancia comparado con las
> historias que nos relatamos a nosotros
> mismos sobre lo que sucede.
> —RABIL ALAMEDDINE

Hace varios años, mi esposa Gail y yo tuvimos un *setter* inglés llamado Nelson. Era tranquilo, paciente, y estupendo con los nietos. Tenía solamente un defecto. Siempre que se abría la puerta frontal, salía disparado corriendo como un prófugo de la cárcel. Podía tomarnos veinte minutos perseguirlo y llevarlo de nuevo a casa. Lo que más miedo daba era verlo apenas escapar de que lo atropellara un auto. No sabíamos qué hacer; hasta que descubrimos la Valla Invisible.

Fue el avance que necesitábamos. Funciona uniendo un cable de parámetro subterráneo a un collar electrónico. Si Nelson se aproximaba al límite, su collar producía una vibración de advertencia para que no continuara. Con un poco entrenamiento adicional, aprendió rápidamente dónde estaba la línea y a evitarla. Ya no salía disparado por la puerta. En realidad, podíamos dejarlo en el patio sin temor a que escapara.

Pero aquí está lo interesante. Después de un tiempo nos dimos cuenta de que ya no era necesario el collar. Si nos situábamos al otro lado del límite y lo llamábamos, él no acudía. Si los niños intentaban atraerlo con alguna recompensa, él no cedía. La barrera había pasado del mundo externo de un aparato electrónico al mundo interno de la cabeza de Nelson.

EL PODER DE LAS CREENCIAS

Nuestras creencias desempeñan un papel muy importante en nuestro modo de enfocar la vida. ¿Por qué? Tendemos a experimentar lo que esperamos, y hemos sabido eso por mucho tiempo.

"Si los hombres definen situaciones como reales, son reales en sus consecuencias", dijo el sociólogo William I. Thomas en 1928. Reflexionando sobre "el teorema de Thomas" veinte años después, el sociólogo Robert K. Merton acuñó el término "profecía autorrealizable". En 1957 el filósofo Karl Popper lo etiquetó como "efecto Pigmalión", por el mítico héroe cuya vida cumplió una profecía trágica. Más recientemente, el escritor científico David Robson ha descrito lo que él llama el "efecto expectativa", profundizando más en el impacto de la mentalidad y la perspectiva sobre los resultados que experimentamos.[1]

Como dijo otro escritor científico Chris Berdik en su libro *Mind Over Mind* (El poder sorprendente de las expectativas): "Nuestro mundo real es en muchos aspectos un mundo esperado. Lo que vemos, oímos, gustamos, sentimos y experimentamos está producido de arriba hacia abajo tanto como lo está de abajo hacia arriba. Nuestras mentes organizan el caos. Llenamos los espacios en blanco con formas, patrones y suposiciones bien aprendidas. Nuestras predicciones para el futuro cercano y lejano curvan la realidad".[2] ¿Cómo?

No es fantasía, ni tampoco está relacionado con alguna supuesta ley de la atracción, como algunos podrían pensar. En realidad, es mucho más sencillo que eso. Debido a que nuestras expectativas moldean lo que creemos que es posible, moldean nuestras percepciones y acciones. Eso significa que también moldean los resultados. Y eso significa que moldean nuestra realidad.

¿Recuerdas al viejo Tiger Woods? ¿Al Woods antes del colapso que quemaba todos los libros de récords año tras año? Algunos de sus golpes son legendarios. En la Copa Presidentes de 2003 en Sudáfrica, por ejemplo, hundió un *putt* de quince pies cuando ya oscurecía. Parecía un golpe imposible. Todo el mundo pensaba eso, pero Woods no. Escuchemos lo que dijo su compañero de equipo, Mike Weir, sobre ese golpe: "Él sabía que iba a lograrlo... Eso es probablemente lo que lo separaba a él más que ninguna otra cosa: su creencia".[3] ¿Oyes lo que está diciendo Weir? Muchos otros golfistas tenían la habilidad para dar esos golpes, pero carecían de la creencia en que podían sacarlos adelante.

Eso es cierto para muchos de nosotros.

Nuestras expectativas vienen de nuestra mentalidad. Según la psicóloga de la Universidad de Stanford, Carol Dweck, hay dos orientaciones principales: la mentalidad fija y la mentalidad de crecimiento.[4] Podemos tener una mezcla de las dos, dependiendo de nuestras circunstancias.

Probablemente es seguro decir que ninguna de las dos es inherentemente buena o mala, pero una mentalidad de crecimiento ha demostrado ser mejor para el cumplimiento de las metas. Construyendo sobre esta idea, la psicóloga Kelly McGonigal dice que "cambiar nuestra mentalidad puede ser un catalizador para todos los demás cambios que queramos hacer en nuestra vida", pero el truco es que primero "tenemos que convencernos a nosotros mismos de que ese cambio es posible".[5] Tenemos que creer que podemos sacarlo adelante.

EL PROBLEMA CON LAS DUDAS

¿Cuál es una de las mayores razones por las que no tenemos éxito con nuestras metas? Simplemente dudamos que podamos alcanzarlas. Creemos que están fuera de nuestro alcance.

Cuando los encuestadores para una encuesta para *Economist*/YouGov y preguntaron a los encuestados qué grado de confianza tenían en cumplir sus propósitos de Año Nuevo, solo un 37 por ciento dijeron estar "muy seguros de cumplirlos". Seis de cada diez solo se sentían un tanto seguros, no muy seguros o nada seguros.[6] ¿Es de extrañar que nos cueste progresar?

Las encuestas muestran que el porcentaje de personas de veintitantos años que logran cumplir sus resoluciones de Año Nuevo es mucho mayor que el de quienes tienen más de cincuenta. De hecho, mientras que ocho de cada diez mileniales hacen resoluciones, casi siete de cada diez adultos mayores de sesenta y cinco años dicen que hacer resoluciones es "una pérdida de tiempo", según una encuesta Harris.[7] ¿Por qué? Es triste, pero mientras mayor es el número de reveses que hemos experimentado en la vida, menos probabilidad tenemos de creer que podemos prevalecer. La duda es una toxina para las metas.

Para protegernos de futuros desengaños, desarrollamos una actitud cínica y autoprotectora hacia la vida. Somos como mi perro Nelson. En el pasado hemos intentado salir y hemos sido golpeados; o mucho peor. Quizá fue una sola vez, o quizá fueron varias veces. Independientemente de eso, ahora nos quedamos quietos incluso cuando no hay ninguna barrera. La que hay en nuestra cabeza es lo suficientemente fuerte como para mantenernos atascados.

Tú ya sabes lo que es eso.

+ Dices: "Tengo que llenar una solicitud para ese nuevo trabajo"; pero después piensas: *No hay modo de lograrlo. No tengo experiencia suficiente o estudios suficientes.*

+ Una amiga te dice: "Oye, Bill y tú deberían ir a ese retiro para matrimonios este fin de semana". Y tú piensas: *¿Estás de broma? No puedo conseguir que se levante del sofá durante una tarde, así que no hablemos de todo un fin de semana.*

+ Alguien dice: "Creo que sería asombroso correr una carrera de 5 kilómetros"; y tú piensas: *Quizá debería*, pero entonces llega el cinismo, y piensas: *Tengo varios kilos de más. Tengo una rodilla lesionada. No hay modo alguno de que pudiera correr una carrera de 5 kilómetros.*

Hay algo que estos tres ejemplos tienen en común: duda. Otra cosa: falta de acción subsiguiente. Piensa en cualquier idea que pudiera llevarte al siguiente capítulo de tu historia, aplícale algo de duda y se secará y morirá por completo.

Algunas dudas vienen de la autoprotección. Es difícil que nuestras esperanzas queden hechas añicos si desde un principio no las tenemos. Puedes verlo en los números. Cuando preguntamos cómo piensan que será este año comparado con el anterior, solo el 38 por ciento de los encuestados dijeron que creían que su vida mejoraría. El sesenta y dos por ciento dijeron que su vida se mantendría igual o sería aún peor. Piensa en eso: ¡la mayoría de la población espera o la inmovilidad o el declive![8]

Ese tipo de actitud envenena nuestra alma y sabotea nuestros resultados. Nuestras creencias sobre lo que es posible tienen una influencia directa en la realidad que experimentamos. Pero ¿y si pudieras cambiar tu sensación de lo que es posible?

UN MARCO DIFERENTE

El lanzador de Triple-A Steve Mura iba ser el primero una noche en un partido fuera, pero casi perdió antes de salir del banquillo. ¿Por qué? "Nunca puedo ganar en este montículo", le dijo a su entrenador de lanzamiento, Hervey Dorfman. Dorfman no se creyó eso ni por un segundo, pero podía ver que Mura ya se estaba preparando para perder, de modo que Dorfman presionó a Mura para que explicara su creencia. El lanzador dijo que el ángulo del montículo era incorrecto; y para Mura, eso lo decidía todo. Pero no para su entrenador. Era solamente un punto de partida.

Dorfman preguntó qué tipo de ajustes podía hacer. Suena sencillo, lo sé, pero fue como encender un interruptor. Esa única sugerencia creó un nuevo sentimiento de posibilidad. Antes del partido, Mura pensó en una nueva estrategia para encarar la pendiente poco amigable del montículo. "Hay una diferencia", le dijo Dorfman a Mura, "entre 'No he ganado' y 'No puedo ganar…'". El pasado no determinaba el futuro; a menos que la creencia de Mura le condujera a actuar como lo hizo. "Uno no piensa en estrategias cuando cree que el resultado es inevitable", dijo Dorfman. Pero al cambiar su creencia, Mura pudo cambiar su estrategia y el resultado.

¿Y SI TÚ PUDIERAS

CAMBIAR TU

SENSACIÓN DE

LO QUE ES POSIBLE?

Lanzó un partido casi perfecto aquella noche: solo dos *hits* y no impulsó ninguna carrera.[9]

Mura se enfrentó a un gran reto; pero como Nelson, estaba en su mente y no en la cancha. Eso es cierto en casi todas las áreas de la vida. "Muchas de las circunstancias que parecen obstaculizarnos en nuestras vidas cotidianas puede que solo parezcan hacerlo basándonos en un marco de suposiciones que llevamos con nosotros", dicen Rosamund Stone Zander y Benjamin Zander. "Dibujemos un marco diferente en torno al mismo conjunto de circunstancias, y tendremos a la vista nuevos caminos".[10] Cambiar tu mentalidad es como encender un interruptor; crea una nueva sensación de posibilidad junto con resultados distintos.

Hay una historia popular sobre un zapatero que envió a dos vendedores a África para valorar el mercado. Al llegar, uno de ellos reportó: "Aquí nadie lleva zapatos. No hay mercado". Pero el segundo dijo: "Aquí nadie lleva zapatos. ¡Esto es una gran oportunidad! ¡Envíame inventario!". Los hechos son hechos, pero podemos verlos de formas distintas.

Estoy casi seguro de que esta historia es inventada, pero hay una versión real de ella que demuestra el mismo punto. En 1999, Nick Swinmurn pensó que podía vender zapatos por internet, pero los inversores pensaban que esa idea nunca prosperaría: demasiados retos de logística y de servicio al cliente. Y la oportunidad parecía minúscula; en ese entonces, la comparación más cercana era vender zapatos por correo, que suponía un 5 por ciento del mercado. Como era de esperar, la mayoría de los inversores no le devolvieron la llamada.

Sin embargo, hubo un inversor que escuchó algo en la propuesta de Swinmurn que captó su atención. El negocio de venta por correo era de solo el 5 por ciento del mercado, ¡pero era un mercado de 40 mil millones de dólares! Si la venta por catálogo ya suponía 2 mil millones de dólares, los desafíos de logística y servicio al cliente no debían ser tan grandes. El mercado tenía un potencial gigantesco. Y de la noche a la mañana nació Zappos. Amazon compró la empresa una década después por mil doscientos millones de dólares.[11] Todos los inversores escucharon la misma propuesta original, pero solo uno tuvo una sensación de posibilidad distinta a los hechos.

La historia está llena de relatos similares. Lo asombroso es que cuando las personas se dan cuenta de que algo es posible, otros llegan rápidamente y duplican o incluso mejoran la hazaña. Comenzamos el libro con el hito de Edmund Hillary y Tenzing Norgay en el Everest; mientras escribo estas palabras, hay más de seis mil personas que también han logrado ahora lo que antes parecía imposible y han coronado el Everest.[12]

Los pilotos antes pensaban que era imposible volar a una velocidad superior a las 768 millas (1.236 kilómetros) por hora (la velocidad del sonido a nivel del mar). Pero Chuck Yeager pensó que podía hacerlo, y oficialmente rompió la barrera del sonido el 14 de octubre de 1947. Desde entonces, los aviones no han hecho otra cosa sino avanzar, y los pilotos vuelan regularmente a dos, cuatro, o incluso seis veces la velocidad del sonido.

Antes de 1954, los corredores suponían que era imposible correr una milla en menos de cuatro minutos. Entonces Roger Bannister la corrió en tres minutos y cincuenta y nueve segundos, un récord que desde entonces otros corredores han batido.

Durante mucho tiempo, la idea de correr una maratón en menos de dos horas parecía imposible, pero en el 2019 el corredor keniata Eliud Kipchoge asombró al mundo rompiendo la barrera de las dos horas en un exhibición de maratón no autorizada. Terminó en una hora, cincuenta y nueve minutos y cuarenta segundos. No tuvo validez en cuanto al récord, pero no deja de ser ridículamente rápido.

Cuando hablamos de carreras autorizadas, Kipchoge es más rápido que cualquier otro en todo el mundo. En septiembre de 2022 Dipchoge corrió la maratón de Berlín en dos horas, un minuto, y nueve segundos.[13] La distancia entre el récord oficial de Kipchoge y que hiciera lo que supuestamente era imposible, es casi la mitad del tiempo que tardarías en cepillarte los dientes cada mañana.

¿Cuál es su secreto? Él lo atribuye a su mentalidad. Como le dijo a un reportero en 2017: "La diferencia está solo en la mentalidad...Tú crees que es imposible, yo creo que es posible".[14] Le dijo a *Runner's World*: "Personalmente, no creo en los límimtes".[15] Y tampoco se detiene. Kipchoge usa su mentalidad para batir continuamente sus propias marcas.[16] La actitud de Kipchoge le permite lograr lo extraordinario, y la misma actitud también ha permitido a muchas personas más conseguir lo imposible en sus vidas.

Este es otro ejemplo. Las personas han soñado durante milenios con el vuelo con propulsión humana, pero siempre parecía algo que pertenecía al género de lo fantástico. Pero entonces, en 1977 alguien desarrolló un avión sin motor capaz de mantener un vuelo controlado. Eso fue solamente el comienzo. En 1988, el campeón de ciclismo griego Kanellos Kanellopoulos voló más de 70 millas (112 kilómetros) sobre mar abierto solamente con el impulso de los pedales.[17] Y él no es el único. Hoy día, construir y volar aviones con propulsión humana es un pasatiempo de fin de semana para algunos.

En mitad de la década de 1980, el skater Mike McGill hizo el primer giro aéreo de 540 grados en su deporte. Eso es una rotación y media completa. Nadie pensó que eso podía hacerse, pero cuando McGill finalmente hizo el "McGiro", también otros comenzaron a hacerlo, llevándolo aún más lejos. Tony Hawk hizo el primer giro de 720 grados hecho jamás, luego otro de 900. Y después, en 2012 Tom Schaar, con solo doce años de edad, hizo el primer giro de 1080. ¡Eso son tres rotaciones completas en el aire! Como dijo Schaar a la ESPN: "Fue la acrobacia más difícil que he hecho jamás, pero", y entiende lo siguiente, "fue más fácil de lo que pensaba".[18] Sorprendentemente, en 2019 Mitchie Brusco mejoró ese récord, ¡haciendo el primer 1260![19]

Es verdad que las creencias no son suficientes por sí solas, ya que también se necesitan las habilidades, claro está. Escribiendo sobre atletas que persiguen lograr su mejor marca, Alex Hutchinson dijo lo siguiente: "El entrenamiento es el pastel y la creencia es la cobertura, pero a veces esa fina capa de cobertura marca la diferencia".[20] Pon a dos atletas igualados en una competición; el que mejor lo hará es el que tenga una actitud mental.

Lo imposible solo parece serlo al principio. Yeager, Bannister, Kanellopoulos, McGill, Hawk y Schaar nos mostraron al resto de nosotros que podía lograrse mucho más de lo que anteriormente creíamos posible. "Los mayores logros de la historia son el resultado de que alguien quería algo que aún no existía", dice Luke Burgis, "y ayudar a otros a querer más de lo que pensaban que se podía querer".[21] Ese puedes ser tú.

"Cualquier cosa que no creas que se puede hacer, alguien llegará y lo hará", dijo el pianista de jazz Thelonious Monk.[22] ¿Serás tú el próximo Kipchoge o Brusco y llegarás incluso más lejos? ¿Inspirarás a otros a hacer lo mismo?

UN FALLO DE LA IMAGINACIÓN

La primera diferencia clave entre una meta no alcanzada y el éxito personal es la creencia en que se puede lograr. Escuchemos lo que dijo el afamado futurista, autor de ciencia ficción e inventor Arthur C. Clarke: "Cuando un científico distinguido, pero anciano, afirma que algo es posible, casi con toda seguridad tiene razón. Cuando afirma que algo es imposible, muy probablemente esté equivocado". Como dijo Clarke, es un "fallo de la imaginación".[23]

Y no son solamente los científicos. Ese fallo de la imaginación afecta a deportistas, padres, líderes, gerentes, maestros, y el resto de nosotros en un grado u otro. Tenemos que empezar a cambiar nuestra mentalidad. Hablando en general, hay dos maneras de ver la vida. Una conduce directamente a este fallo de la imaginación, pero la otra puede revivir y ampliar nuestra sensación de posibilidad. A continuación, veremos la diferencia.

2

ALGUNAS CREENCIAS TE RETIENEN

¡Cuán poco vemos!
Lo que sí vemos depende principalmente de lo que busquemos.
—**JOHN LUBBOCK**

La vida es cambio. El crecimiento es opcional.
Escoge con sabiduría.
—**KAREN KAISER**

Una vez tuve un cliente al que llamaré Charlie, pero ese no es su verdadero nombre. Digamos que he cambiado su identidad para proteger al culpable. Charlie derivaba su importancia de sentirse ofendido, abusado y perseguido. Se quejaba casi por todo; todo el mundo era un idiota excepto él. Nadie sabía hacer nada bien. La vida estaba amañada. Si salíamos a almorzar, lo cual yo temía, él nunca agarraba la cuenta, incluso si él mismo había convocado la reunión. Siempre me iba de su presencia agotado y menoscabado.

Y no solo me sucedía a mí. Charlie era de ese modo con todo el mundo. Sus empleados y amigos elevaban sus cejas cuando yo mencionaba su nombre. Él enfocaba cada relación con una mentalidad de acumulación. Las personas que lo rodeaban vivían con temor constante a que su medio de vida y su bienestar estuvieran en riesgo. ¿Y sabes qué? El éxito que él deseaba siempre parecía estar fuera de su alcance.

Charlie es ejemplo de lo que yo denomino *pensamiento de escasez*.

Ahora, comparemos a Charlie con otra amiga mía. Amy es una de las personas más generosas que conozco. Siempre me saluda con una gran sonrisa, un abrazo y una palabra de aliento. Siempre me voy de su presencia con energía, sintiéndome estupendamente por ser yo mismo. Y ella es de ese modo con todo el mundo. Trata a amigos, empleados, clientes, proveedores y todos los demás, incluso a las empresas de la competencia con gracia y generosidad. Invierte rutinariamente en el éxito de ellos, y eso regresa a ella de mil maneras diferentes. Amy es ejemplo de lo que denomino *pensamiento de abundancia*.

ESCASEZ VS. ABUNDANCIA

Para alcanzar cualquier cosa, tenemos que creer que estamos a la altura del reto. Eso no significa que será fácil o que sepamos cómo vamos a lograrlo. Por lo general no lo sabemos. Solamente significa que creemos que somos capaces, que tenemos lo necesario para prevalecer.

¿Por qué es importante eso? Porque toda meta tiene obstáculos. Cuando algunas personas tienen problemas para vencer esos obstáculos, dudan de que tengan lo necesario. Pensemos en Charlie. Pero otros tienen confianza en que prevalecerán si trabajan más duro o encaran el problema desde una dirección distinta. Pensemos en Amy.

Los investigadores catalogan al primer grupo como *teóricos de entidad*, o personas con mentalidad *fija*. Piensan que sus habilidades están grabadas en piedra. Habrás oído a personas decir lo siguiente: "No se me da bien x, y, o z". Son los que piensan en escasez. Asumen que, si algo no resulta fácil, probablemente no es culpa suya. El pensamiento de escasez conduce de modo natural a creencias limitantes. Las evaluaciones revelan que casi cuatro de cada diez estudiantes y adultos poseen esta mentalidad.

Los investigadores denominan al segundo grupo *teóricos incrementales*, o personas con mentalidad de *crecimiento*. Cuando batallan con un obstáculo, tan solo buscan nuevos enfoques del problema. Saben que existe una alternativa o una solución si siguen trabajando en ello. Si algo está seductoramente fuera de su alcance, entonces debe merecer la pena perseguirlo. Ya verán cómo lo solucionan mientras lo intentan. Son quienes piensan en abundancia, y su mentalidad los lleva de forma natural no a creencias limitadoras sino a verdades liberadoras. Los estudios revelan que hay tantas personas en el mundo con esta mentalidad como personas con la otra mentalidad. Dos de cada diez se sientan en la valla.[1]

PENSADORES DE ESCASEZ	PENSADORES DE ABUNDANCIA
1. Se sienten con derechos y son temerosos.	1. Son agradecidos y seguros de sí mismos.
2. Creen que nunca habrá suficiente.	2. Creen que siempre hay más en el lugar de donde llegó algo.
3. Son egoístas con su conocimiento, contactos y compasión.	3. Se alegran por compartir con otros su conocimiento, sus contactos y su compasión.
4. Suponen que así son ellos.	4. Suponen que pueden aprender, crecer y desarrollarse.
5. Recurren a la sospecha y el distanciamiento.	5. Recurren a la confianza y la apertura.
6. Se molestan con la competencia, creyendo que eso hace que el pastel sea más pequeño y ellos sean más débiles.	6. Reciben la competencia, creyendo que hace que el pastel sea mayor y ellos sean mejores.
7. Son pesimistas acerca del futuro, creyendo que por delante hay tiempos difíciles.	7. Son optimistas sobre el futuro, creyendo que lo mejor está aún por llegar.
8. Consideran que los retos son obstáculos.	8. Consideran que los retos son oportunidades.
9. Piensan en pequeño y evitan el riesgo.	9. Piensan en grande y aceptan el riesgo.
10. Quieren guardar su trozo del pastel.	10. Quieren hornear pasteles más grandes.

De estos dos hábitos de pensamiento, uno conduce a fracaso, temor y descontento; el otro conduce a éxito, gozo y satisfacción. ¿La diferencia principal? Los pensadores de escasez como Charlie operan desde una red de creencias limitantes acerca del mundo, de otras personas y de sí mismos, mientras que los pensadores de abundancia como Amy operan desde una plataforma de verdades liberadoras.

La gran pregunta ahora es esta: ¿cuál es tu mentalidad? Alcanzar nuestras metas comienza con entender la distinción entre estas dos mentalidades y las creencias que las caracterizan. El pensamiento de escasez está marcado por creencias limitantes, mientras que el pensamiento de abundancia genera verdades liberadoras.

No te sorprendas si tienes un poco de Charlie y un poco de Amy en ti, a todos nos pasa. De hecho, eso puede cambiar con la situación en la que nos encontremos. Algunos quizá muestran señales de pensamiento de escasez en un área de su vida y abundancia en otra.[2] El truco está en reconocer el pensamiento de escasez cuando aparezca.

TRES TIPOS DE CREENCIAS LIMITANTES

Es fácil detectar creencias limitantes en nuestro propio pensamiento si estamos atentos. Comencemos con suposiciones que albergamos acerca del mundo. "No puedo comenzar un nuevo negocio en este momento. El mercado es terrible", podría decir alguien. "No confío en la gerencia; siempre intentan engañarnos". O, "esos políticos van a destruir la economía y a hacer imposible que yo pueda avanzar".

Estas pueden ser creencias profundamente asentadas, pero no siempre son la realidad, y en raras ocasiones son toda la verdad incluso cuando parezcan precisas. Tenemos que aprender a cuestionarlas e incluso descartarlas, o limitarán nuestra libertad y motivación para actuar.

También tenemos creencias limitantes sobre otras personas. "No tiene caso preguntar", podrías decir. "Está demasiado ocupado para reunirse conmigo". O, "bueno, ella es una simple contadora. ¿Qué puede saber?". O, "no ha respondido aún. Supongo que debe estar molesto conmigo". O, "alguien como ella nunca saldría con una persona como yo". Estas no son necesariamente verdades; solamente son creencias que permitimos que nos influencien.

3 TIPOS DE CREENCIAS LIMITANTES

SOBRE EL MUNDO   SOBRE OTROS   SOBRE NOSOTROS MISMOS

Cuidado: las creencias limitantes distorsionan nuestra perspectiva sobre el mundo, sobre otros, e incluso sobre nosotros mismos.

El tercer tipo de creencia limitante es donde a la mayoría de nosotros realmente nos toca de cerca. Estoy hablando de creencias sobre nosotros mismos. Quizá podemos decir: "Soy una persona que abandona. Nunca termino lo que comienzo". "No puedo evitarlo. Nunca he estado en forma físicamente". "Siempre he sido terrible con el dinero". O, "no soy el tipo de persona creativa". Estas creencias con frecuencia son falsas, medias verdades en el mejor de los casos; y obstaculizarán cualquier progreso que quieras hacer en la vida.

¿Cómo saber si estás cayendo en la trampa de las creencias limitantes? En su libro *Making Habits, Breaking Habits* (Crear hábitos, romper hábitos), Jeremy Dean menciona tres señales reveladoras:

+ *Pensamiento en blanco y negro.* Es cuando suponemos que hemos fallado si no alcanzamos la perfección. La realidad es por lo general una escala proporcional, y no un interruptor de palanca.

+ *Personalizar.* Es cuando nos culpamos a nosotros mismos por situaciones negativas aleatorias.

+ *Ser catastrofista.* Cuando suponemos lo peor incluso con poca evidencia.[3]

LA REALIDAD ES

POR LO GENERAL UNA

ESCALA PROPORCIONAL,

Y NO UN INTERRUPTOR

DE PALANCA.

A esa lista podemos añadir un cuarto punto:

+ *Universalizar.* Es cuando tomamos una mala experiencia y suponemos que es cierta en todo lugar.

Nuestro lenguaje ofrece una pista reveladora sobre las creencias limitantes. Si nuestras palabras traicionan evaluaciones "o esto o aquello" del mundo, de los demás o de nosotros mismos, estamos en problemas, y ocurre lo mismo si nos damos cuenta de que nosotros mismos nos estamos maltratando o cayendo en picado por algo desagradable o indeseado que nos haya ocurrido. Y, como me recuerda mi hija Megan, si usas palabras de pincelada amplia como *nunca, siempre, no puedo, no podré,* cualquier cosa que un consejero matrimonial dice que deberías evitar al hablar con tu cónyuge, tu vocabulario está levantando banderas sobre tu mentalidad: estás en un territorio de creencias limitantes. La clave es poner un badén reductor de velocidad entre tus experiencias y las historias que te estás contando a ti mismo sobre esas experiencias.[4]

Por lo tanto, ¿de dónde provienen estas creencias?

LA FUENTE DE LAS CREENCIAS LIMITANTES

Algunas de nuestras creencias limitantes, como he dicho, provienen de anteriores fracasos o reveses. Los reveses repetidos pueden entrenarnos para suponer lo peor. Pueden condicionarnos para acumular lo que tenemos y evitar riesgos.

Pero si somos observadores, podemos detectar otras influencias. Los noticieros, por ejemplo, tienen un fuerte sesgo de negatividad. Como bromeaba J.R.R. Tolkien, son principalmente puntuaciones de asesinatos y de fútbol.[5] "Hay estudios que han demostrado que un exceso de abundancia de noticias puede hacernos sentir deprimidos, ansiosos y, en su mayor parte, por lo general no nos proporciona la capacidad de cambiar o influenciar realmente nada de lo que se reporta", dice Michael Grothaus, y él es periodista profesional.[6]

Sintoniza, y es fácil creer que el mundo está cada vez peor: hay más crímenes, más pobreza, más violencia que nunca. Es como una larga letanía de preocupación y temor, interrumpida por anuncios sobre aterradoras enfermedades médicas. Los canales de noticias están predispuestos a mostrarnos noticias negativas porque el temor desencadena las partes más primitivas de nuestro cerebro y mantiene nuestros ojos pegados a la amenaza. Para empeorar aún más las cosas, su industria está en declive. Por lo tanto, los medios de comunicación apelan cada vez más al temor a fin de entregar miradas a sus anunciantes.

Y después están las redes sociales, que pueden ser un espejo de este sesgo negativo. Después de nuestro ciclo de elecciones más reciente, parecía ser una corriente interminable de negatividad. Pero también podemos detectar que está en movimiento un sesgo positivo.

Mira Instagram, y puede parecer que todo el mundo lleva una vida adorable. Hijos felices, hermosos amigos, vacaciones asombrosas, un trabajo satisfactorio. Al instante, y generalmente de modo subconsciente, vemos que nosotros no estamos a la altura. No somos tan inteligentes, creativos, educados, exitosos, afortunados, atléticos o artísticos como los demás.

La erudita Donna Freitas realizó un estudio a gran escala de las redes sociales y de estudiantes en más de una decena de campus universitarios. "Facebook es la CNN de la envidia, un tipo de ciclo de noticias que no cesan las 24 horas del día y muestran quién es popular, quién no lo es, quien está a la moda y quien está en declive", escribe en *The Happiness Effect* (El efecto felicidad), un libro que reporta sus descubrimientos. "A menos que tengas una autoestima sólida como la roca, seas inmune a los celos, o tengas una capacidad extraordinariamente racional para recordarte a ti mismo exactamente lo que todo el mundo hace cuando pone sus glorias en las redes sociales [es decir, posicionarse y presumir], es difícil que no te importe".[7] Yo soy una gran defensora de las redes sociales, pero no es extraño que el tiempo que se pasa en Facebook sea predictivo de sentirnos desgraciados con nuestras vidas.[8]

Y después están las relaciones negativas, desde amigos y compañeros de trabajo hasta nuestros familiares o comunidad de fe. Con frecuencia recibimos estas creencias limitantes de otras personas en la niñez. Estas creencias se convierten en parte de lo que el profesor de psicología de la Universidad de Virginia, Timothy D. Wilson, denomina nuestras "narrativas centrales" sobre la vida.[9] Muchas de estas narrativas centrales son buenas y útiles, pero algunas no lo son; puede ser difícil soltarlas, y pueden ser perturbadoras cuando lo intentamos. Otras veces agarramos creencias limitantes más adelante en la vida en la iglesia, la universidad o la oficina. Independientemente de cuándo o dónde las adquirimos, nuestras creencias crean los lentes mediante los cuales vemos el mundo.

"La realidad innegable es que lo bien que te va en la vida y en los negocios depende no solo de lo que tú haces y cómo lo haces… sino también de quién lo está haciendo contigo o te lo hace a ti", dice el psicólogo Henry Cloud en *The Power of the Other* (El poder del otro).[10] Si te juntas con personas como Charlie, puedes comenzar a ver el mundo desde su perspectiva auto derrotista. Y lo contrario también es cierto. Mantente cerca de Amy, y todo comienza a brillar.

Merece la pena destacar que estas mentalidades se refuerzan por sí solas. El neurocientífico cognitivo y periodista Christian Jarrett describe una dinámica que podemos ver funcionando en nuestra vida si prestamos atención. Nuestras personalidades, dice él, son una mezcla de naturaleza y educación. Nuestros genes y biología se combinan con nuestras experiencias en la vida para formar nuestra personalidad, lo cual incluye nuestras creencias sobre el mundo, los demás y nosotros mismos. Nuestra personalidad después dirige cómo actuamos y reaccionamos en el mundo mientras perseguimos lo que queremos.

Lo impactante sobre el modelo de Jarrett es el bucle. A medida que nuestras acciones y reacciones modelan nuestra experiencia del mundo, esa experiencia retroalimenta a su vez nuestra personalidad. Es un círculo que se refuerza por sí solo: nuestras creencias modelan nuestra experiencia, y nuestra experiencia modela nuestras creencias, creando un círculo virtuoso o vicioso, dependiendo de las creencias que abracemos o promulguemos.[11]

Lo que tenemos que saber es que esa positividad o negatividad son, en mayor o menor medida, algo aprendido y cambiable. Son perspectivas, no hechos. ¿Recuerdas cuando dije que todos tenemos algo de Charlie y de Amy en nosotros? Es importante reconocerlo para poder cambiar intencionalmente nuestra mentalidad por algo más empoderador cuando notamos creencias que desempoderan creciendo en nosotros, porque inevitablemente sucederá de vez en cuando.

Si queremos experimentar nuestro mejor año, tenemos que comenzar reconociendo cuál de estos dos tipos de pensamiento domina, y avanzar intencionalmente hacia la abundancia. No hay razón alguna para permitir que las creencias limitantes nos retengan.

TÚ ELIGES

Poco después de que Steve Jobs, director general de Apple, muriera en 2011, familiares, amigos, y otras personas se reunieron en la Iglesia Memorial en el campus de la Universidad de Stanford. El evento, al que se podía asistir solamente con invitación, atrajo a varios cientos de personas para dar un tributo a un innovador y líder visionario al que habían llegado a admirar, respetar y querer. El periodista Brent Schlender relata el momento en el final de su libro *Becoming Steve Jobs* (El libro de Steve Jobs).

Bono, Joan Báez y Yo-Yo Ma actuaron. El fundador de Oracle, Larry Ellison, dijo unas palabras, y también lo hizo el diseñador principal de Apple, Jony Ive. Pero lo que más sorprendió a Schlender fueron las palabras de la esposa de Jobs, Laurene Powell. "Él moldeó el modo en que yo llegué a ver el mundo", dijo de su esposo, añadiendo:

> Es bastante difícil ver lo que ya está ahí, quitar los muchos impedimentos que existen para tener una perspectiva clara de la realidad, pero el talento de Steve era incluso mayor: él veía claramente lo que no estaba ahí, lo que podía haber, lo que tenía que estar ahí. Su mente nunca estuvo cautiva de la realidad. Más bien todo lo contrario. Él imaginaba lo que le faltaba a la realidad, y se proponía remediarlo.

Como resultado, dijo, Jobs poseía "un sentimiento épico de posibilidad".[12]

Por lo tanto, hazte la pregunta: ¿qué no está en tu mundo en este momento que podría estar, debe estar ahí? ¿Qué falta que solamente tú puedes remediar en tus relaciones, tu salud, tu carrera, o tu vida espiritual? Al comenzar a pensar sobre diseñar nuestro mejor año, necesitamos reconocer que la mayoría de las barreras que enfrentamos son imaginarias.

A veces esas barreras parecen fijas, las sentimos como seguras. El Monte Everest tiene 8.849 metros de altura. Los montañeros habían hecho muchos intentos de coronarlo, pero parecían no poder superar los últimos 300 metros de elevación. Algunos murieron en el intento. "Era casi como si hubiera alguna barrera invisible a los 8.500 metros que nadie podía atravesar", dijo Edmund Hillary.[13] Imagina si él y todos los demás vieran los resultados hasta ese momento y decidieran que verdaderamente era imposible.

Hay un millón de pensamientos que recorren nuestra mente, pero solamente nosotros somos quienes escogemos lo que vamos a creer. Y la mejor manera de vencer las creencias limitantes es sustituirlas por verdades liberadoras. Es posible actualizar y mejorar nuestras creencias. Veremos más sobre esto a continuación.

3

PUEDES ACTUALIZAR TUS CREENCIAS

Lo imposible no es un hecho. Es una opinión.
—AIMEE LEHTO

¿Acaso no todo es imposible hasta que alguien lo hace?
—DANIEL WILSON

En 1954, Martin Luther King Jr. aceptó el llamado ministerial de la iglesia Dexter Avenue en Montgomery, Alabama. Tenía solamente veinticinco años de edad. Pero lo que King logró durante la siguiente década remodeló de modo radical la sociedad estadounidense.

En 1955, después de que Rosa Parks se negó a ceder su asiento, King lideró el boicot a los autobuses en Montgomery. La Corte Suprema estadounidense se puso del lado de quienes realizaron el boicot en 1956. Un año después, King formó y lideró la Conferencia de Líderes Cristianos del Sur, que ayudó a organizar el incipiente movimiento por los derechos civiles. También habló delante de su primera audiencia nacional y llegó a la portada de la revista *Time*. Pero eso fue solamente el comienzo.

El trabajo de organización y protesta de King continuó a finales de los años cincuenta y principios de los sesenta con sentadas y protestas, culminando en los acontecimientos de 1963. Ese mes de abril, King fue arrestado en Birmingham por desobedecer una prohibición de hacer manifestaciones. Cuando se situó bajo el fuego de ministros locales, respondió con una de sus obras más importantes y memorables: "Carta desde una cárcel de Birmingham". Unos meses después, condujo la marcha en Washington, a la que asistieron más de doscientas mil personas.

Era el centenario de la Proclamación de Emancipación de Lincoln, y King dio su emocionante discurso "Yo tengo un sueño" desde los escalones del Lincoln Memorial. La manifestación provocó el apoyo a los derechos civiles en toda la nación. A principios de ese verano, el presidente John F. Kennedy había presentado la legislación sobre derechos civiles más amplia hasta ese momento, y el impacto de la marcha y de la defensa de King fue fundamental en su aprobación en 1964.

Y por si eso no fuera suficiente, la revista *Time* escogió a King como su persona del año, y el Comité del premio Nobel lo convirtió en el receptor más joven del Nobel de la Paz. Había más trabajo que hacer, pero él ya había trastornado el mundo. Tenía solamente treinta y cinco años. ¿Cuál fue su secreto?

EVITAR LA TRAMPA DE LAS CREENCIAS LIMITANTES

Los críticos de King en Birmingham pensaban que sus acciones eran "poco sabias e inoportunas".[1] Pero a diferencia de King, esos ministros trabajaban bajo una creencia limitante: tenían una idea sobre el mundo que limitaba su rango de posibilidades. En lugar de considerar las acciones de King como pavimento del camino hacia el cambio, las consideraron contraproducentes. Les preocupaba que sus acciones les hicieran perder terreno. Pero este es solamente uno de un millón de ejemplos en la vida donde "sentido común" es tan solo otra manera de decir "malentendido ampliamente sostenido".

Como aprendimos en el capítulo anterior, una creencia limitante es un mal entendimiento del presente que tima a nuestro futuro. King estaba rodeado de creencias limitantes como las siguientes:

+ El movimiento por los derechos civiles está pidiendo demasiado y con demasiada rapidez.

+ El movimiento está avivando problemas innecesarios.

+ La no violencia no moverá las cosas. Es necesaria la resistencia armada.

+ Los blancos no cambiarán. La reconciliación racial es imposible.

+ El racismo está engranado en la cultura. Nunca cambiaremos eso, y mucho menos las leyes.

Y había muchas, muchas otras compartidas por personas de raza blanca y de color, dentro y fuera del movimiento. La diferencia entre King y los demás era que él rechazaba esas creencias considerándolas falsas. En cambio, él creía que los tiempos llamaban a la acción urgente. Creía que las manifestaciones no violentas eran necesarias y eficaces. Creía que la reconciliación racial era una esperanza real y que los corazones, y toda la sociedad, podían cambiar realmente.

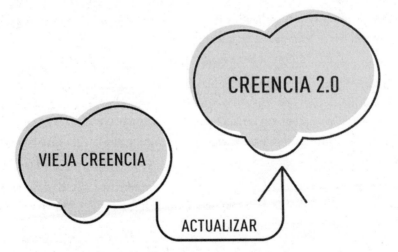

Las creencias pueden mantenernos atascados. Pero podemos avanzar al actualizar nuestras creencias.

En lugar de creencias limitantes, King sostenía verdades liberadoras. Él veía los mismos hechos que veía todo el mundo, pero utilizaba un marco diferente, para utilizar el lenguaje de Zanders. De eso se trataba su discurso "Yo tengo un sueño".

King podía ver un futuro mejor, independientemente de lo que dijeran o creyeran algunas personas. Su marco le permitía visualizar la victoria, y sabía en lo profundo de su ser que algún día también la vería cumplida. Estas verdades liberadoras lo dejaron libre para actuar con determinación; y nosotros podemos hacer lo mismo.

CAMBIA TU MARCO

Pocas de nuestras aspiraciones estarán a la altura de los logros de Martin Luther King Jr., pero sí importan para la única vida que tendremos jamás. Y pueden marcar toda la diferencia del mundo para nosotros y las personas más cercanas a nosotros.

Uno de mis ejemplos favoritos de sustituir creencias limitantes por verdades liberadoras proviene de la comunidad de Alcohólicos Anónimos. Investigadores de la Universidad de Brown, UC Berkeley y los Institutos Nacionales de la Salud trabajaron juntos en un importante estudio. Descubrieron que el indicador de diferencia para las personas que tratan de mantenerse sobrias era la creencia.

En lugar de decir: "No puedo resistirme a un trago", personas en AA descubren que realmente pueden resistir. ¿Por qué? Porque ahora creen la verdad liberadora que dice: "El cambio es posible". O en lugar de pensar: "No puedo mantenerme sobrio", participantes de AA cambian eso por la verdad liberadora: "Puedo manejar las dificultades de la vida sin un trago".[2]

Aquí tenemos otro ejemplo de mi amigo Donald Miller. Don es un autor éxito de ventas y un tremendo emprendedor. Pero después de una serie de relaciones fallidas, pensó que estaba condenado en el amor. Entonces, de repente llamó Bob Goff.

"¿Sabes lo que he observado sobre ti, Don?", comenzó a decir Bob. "He observado que se te dan bien las relaciones". Don no se lo creía. Él era terrible en las relaciones, y lo sabía con seguridad. Pero Bob no dejaba de llamarlo y decirle lo contrario.

Le dio un ejemplo tras otro de ocasiones en las que Don había conectado realmente con personas. "Durante los meses siguientes hubo un gran abismo entre la afirmación de Bob y el modo en que me sentía conmigo mismo", dijo Don. Pero la persistencia de Bob tuvo su recompensa. "Como un abogado en un juicio, él argumentó su caso ante mi alma, semana tras semana, hasta que el abismo comenzó a cerrarse".

Don se dio cuenta de que Bob tenía razón; y mientras más lo entendía, más capaz era de actuar en consecuencia y demostrarlo ante sí mismo. La nueva creencia lo capacitó para ser vulnerable, esperanzado, y actuar con confianza. Resultó que Don era estupendo en las relaciones; y después comenzó a tener citas con el amor de su vida y finalmente se casó con ella.[3]

Voy a darte unos ejemplos de mi propia vida. Yo solía creer que no era bueno con mis manos. Siempre me había intimidado todo lo relacionado con la mecánica. En cuanto podía permitírmelo, contrataba a otra persona para hacer ese tipo de trabajo por mí. No me gustaban esas tareas, o eso pensaba yo. Pero en años recientes comencé a darme cuenta de que me gustaba lavar los platos; puede sonar ridículo, pero se me da realmente bien. Y me da un sentimiento de logro y contribución. Me grabé esto en la mente.

Después decidí intentar instalar un sistema de iluminación automático. Mi experiencia con la electricidad era nula, pero pensé para mí: *Seguro que puedo aprender a hacer esto solo viendo videos de YouTube.* Tal cual, tenía razón. Instalé todo el sistema. Me encantaba aprender algo nuevo, y me dio una enorme satisfacción realizar el proyecto. Sigo disfrutando de ese sistema hasta la fecha. Desde esa vez, he instalado un estudio de retransmisión en vivo en mi oficina, el cual conllevaba un proceso de cableado e instalación un tanto complejo.

¿Cómo cambiaron tanto las cosas? Cuando reconocí que ese pensamiento de que no era bueno con mis manos era una creencia limitante y lo reemplacé por una verdad liberadora. Menos Charlie y más Amy. Comencé a decir: "Soy muy bueno con mis manos. Puedo aprender cualquier cosa". Al principio no me lo parecía, pero en lugar de actuar desde la escasez, decidí actuar desde un lugar de abundancia. Y ahora tengo mucha más confianza siempre que se presenta algún proyecto nuevo que hacer.

También he lidiado en el pasado con creencias limitantes en cuanto al dinero. Casi entré en bancarrota en 1992. Mi negocio fracasó, y las personas de la iglesia tenían que traer alimento para mi familia para llegar a fin de mes. Además de eso, un mentor me dijo una vez: "No eres muy bueno con el dinero, ¿verdad?". Tomé esas dos experiencias y me imaginé una historia: "No soy muy bueno manejando el dinero". Tardé años en deshacerme de esa idea, pero lo hice. Comencé a notar cuándo manejaba bien el dinero. También noté la frecuencia: la mayoría de las veces. Comencé a decirme de forma intencional que era bueno con el dinero, y que podía llegar a ser incluso mejor.

De igual modo, solía creer que no podía avanzar porque apenas podía ganar dinero suficiente para satisfacer las necesidades de nuestra familia. Cuando reconocí ese pensamiento como una creencia limitante, decidí sustituirlo por una verdad liberadora, de modo que comencé a decir: "Tengo todo el dinero que necesito para cumplir con nuestras obligaciones, alcanzar nuestras metas y ser generosos con otros". Sin duda, al principio no me sentía así, pero en lugar de operar según la escasez, decidí operar desde un lugar de abundancia. No fue magia, pero sí que abrió nuevos caminos que me permitieron avanzar. Y mientras más me movía, más recursos encontraba para mejorar mis circunstancias.

Este es otro. "No tengo ganas de hacer eso ahora mismo", solía decir yo. "Estoy agotado". Pensaba que mi energía era algo sobre lo cual yo no tenía control. O me sentía con energía, o no; pero entonces me di cuenta de que yo tenía control. Podía influenciar en lo que experimentaba, de modo que cambié esa creencia limitante por una verdad liberadora que decía algo parecido a lo siguiente: "Tengo energía más que suficiente para realizar las tareas que emprendo". Repetía eso para mí mismo cada vez que me sentía agotado o cansado. No pasó mucho tiempo hasta que mi realidad se puso a la altura de mis palabras. En todos estos ejemplos, las creencias transformadoras hicieron posibles mejores resultados. No es algo mágico. Tú ya tienes lo necesario para mover la aguja en tu vida.

Todos somos diferentes, y todos tenemos nuestro propio portafolio de creencias limitantes. Pero en todo mi tiempo de coaching me he encontrado con dos que muchos de nosotros compartimos. La primera es que no tenemos capacidad alguna de cambiar nuestras circunstancias, y la segunda es que carecemos de los recursos para hacerlo. Quiero que veamos cada una de ellas.

CUANDO NOS SENTIMOS IMPOTENTES

Erin Gruwell era una maestra novata a quien le asignaron una escuela de secundaria difícil y recién incorporada en Long Beach (California). Su diverso salón de clase estaba lleno de niños y niñas en riesgo, algunos de ellos pandilleros que odiaban a su maestra incluso más de lo que se odiaban mutuamente.

"Mi clase se ha convertido en un vertedero para transferencias disciplinarias, chicos en rehabilitación, o quienes tienen libertad condicional", dijo Gruwell.[4] La mayoría de las personas habrían dado la espalda a esos estudiantes. La administración no tenía mucha esperanza en que ella pudiera marcar una diferencia, e incluso su papá pensaba que debía buscar un nuevo empleo. Afortunadamente para sus alumnos, Gruwell creía que podía tener éxito con esos muchachos y muchachas donde otros habían fracasado.

Comenzó dejando a un lado el programa de estudios estándar y asignando libros sobre adolescentes en crisis, como *El Diario de Ana Frank* y *El Diario de Zlata: La vida de una niña en Sarajevo en tiempos de guerra*, de Zlata Filipovic. Igualmente, importante, requería de ellos que escribieran un diario sobre sus propias experiencias. En el proceso y a lo largo de los años, las vidas de sus alumnos fueron transformadas. Contra todo pronóstico, ella ayudó a aprender, crecer y graduarse a ciento cincuenta alumnos. La mayoría fueron a la universidad, y algunos llegaron a ser maestros ellos mismos.

Todos tenemos más poder del que a veces nos damos el mérito de tener. Según el profesor de psicología de la Universidad de Stanford, Albert Bandura, este poder engloba cuatro propiedades que nos ayudan a alcanzar nuestras metas.

1. *Intención*. Podemos imaginar una realidad mejor de la que estamos experimentando en el presente; y podemos trabajar con otros y dentro de nuestras circunstancias para alcanzarla.

2. *Previsión.* Al visualizar el futuro, podemos gobernar nuestra conducta en el presente y dar propósito y significado a nuestros actos.

3. *Acción.* Tenemos la capacidad de actuar según nuestros planes, mantenernos motivados, y responder en el momento para seguir en rumbo.

4. *Autorreflexión.* No solo actuamos; sabemos que actuamos. Eso significa que podemos evaluar cómo nos va, hacer ajustes, e incluso revisar nuestros planes.[5]

Deberíamos ver estas propiedades como superpoderes. Son tan comunes que raras veces nos paramos a pensar en ellas, pero puedes encontrar la semilla de cada logro humano en esta lista. Si estás atento, las verás implícita o explícitamente en los cinco pasos de la metodología de *Tu mejor año*.

Erin Gruwell puso en acción todas ellas en su enseñanza. Ella sabía que su implicación en las vidas de sus alumnos podía marcar una diferencia, y construyó un programa que cumpliría su intención. Comenzó, hizo correcciones de rumbo a lo largo del camino, y poco a poco cambió las vidas de ciento cincuenta estudiantes que de otro modo habrían quedado atrás, sin mencionar el cambio que se produjo en su propia vida.

Cualesquiera que sean las circunstancias, tenemos la capacidad de perseguir un mejor futuro. Algunos no lo creen. Piensan que, porque no pueden controlarlo todo, no pueden controlar nada; pero eso es tan solo una creencia limitante. Mediante nuestras decisiones nos convertimos en participantes activos en los resultados que experimentamos.

Durante los últimos meses difíciles del boicot a los autobuses en 1956, King predicó un sermón para alentar a su congregación a vivir vidas esperanzadas de acción creativa. "Señor, ayúdame a aceptar mis herramientas", les indicó que oraran. "A pesar de cuán desafiladas estén, ayúdame a aceptarlas. Y después, Señor, cuando haya aceptado mis herramientas, entonces ayúdame a dar un paso y hacer lo que pueda hacer con mis herramientas".[6]

Para mostrar cuán potentes o humildes pueden ser nuestras herramientas, King señaló el ejemplo de Moisés, quien descartó sus creencias limitantes y condujo a su pueblo a la libertad. Como hemos visto, King demostró la validez de su punto mediante su propio ejemplo.

LA CUESTIÓN DE LOS RECURSOS

La historia de Gruwell también nos recuerda que evitemos limitar nuestras metas según nuestros recursos actuales. Los recursos no son nunca, y quiero decir nunca, el reto principal para cumplir nuestros sueños. De hecho, si ya tienes todo lo que necesitas para alcanzar tu meta, entonces es probable que tu meta sea demasiado pequeña.

Cuando Gruwell comenzó, no tenía ningún presupuesto para comprar libros, pero sus alumnos necesitaban ciertos libros si su plan iba a funcionar. ¿La respuesta? Consiguió un segundo empleo y compró ella misma los libros. A medida que aumentaron sus metas, así lo hizo también su necesidad de recursos. Sus alumnos querían llevar a la escuela para que diera una charla a Miep Gies, la mujer holandesa cuya familia escondió de los nazis a Ana Frank y a su familia. La escuela no tenía el presupuesto para hacerlo, de modo que los alumnos organizaron una serie de eventos para recaudar fondos y hacerlo posible. Y eso no fue todo. También recaudaron fondos para traer a América a Zlata Filipovic, cuyo libro habían estudiado.

Mientras más decididos estaban a dar pasos, más recursos necesarios aparecían. Su determinación fue lo que marcó la diferencia. "No hay ningún déficit de recursos humanos", como dijo King en su discurso en el Nobel en 1964, "el déficit está en la voluntad humana".[7]

Los recursos son necesarios, pero nunca son la condición previa para el éxito. La falta de recursos percibida es con frecuencia un beneficio disfrazado. De hecho, abordar restricciones puede desencadenar una cascada de recompensas no previstas. Por una parte, nos fuerza a estar a la altura de la ocasión y dar todo lo mejor a esa empresa. Los recursos fáciles provocan un desempeño débil. El economista Julian Simon llama a la creatividad humana "el recurso definitivo".[8] Pero irónicamente, con frecuencia son necesarias limitaciones para desatarla. Una falta de recursos prende el ingenio, y los recursos limitados también edifican adaptación y confianza. Mientras más veces venzamos dificultades, más capaces somos de vencer cualquier cosa que llegue después.

En resumen, una aparente falta de recursos podría ser el recurso más importante que tenemos. Nuestras creencias limitantes evitan que veamos eso. Pero aquí está una verdad liberadora: vivimos en un mundo de

LOS RECURSOS

NO SON NUNCA EL

RETO PRINCIPAL

PARA CUMPLIR

NUESTROS SUEÑOS.

abundancia genuina, un mundo lleno de los recursos que necesitamos para perseguir nuestras metas más importantes. Eso no significa que finalmente no necesitemos los recursos de los que carecemos en el presente. Si tu meta es lo bastante grande, probablemente requerirás más recursos diferentes de los que supones cuando comienzas. *Pero comienza.* La falta de recursos no es nunca una buena excusa para quedarte quieto. Trátala en cambio como un estímulo para qué abordar como el paso siguiente hacia tu meta.

Cuando los escaladores comenzaron por primera vez a intentar subir el Everest solo para toparse con el techo de los 8.500 metros, habían llegado a través del Tíbet en las laderas norteña de la montaña. El Tíbet se cerró a los escaladores después de la Segunda Guerra Mundial. No solo no podían escalar toda su altura, sino que de repente ni siquiera podían ir a la montaña. Crees que debieron regresar a casa, ¿verdad?

Pues no, porque como Edmund Hillary y otros escaladores creían que podían superar el techo de los 8.500, usaron la restricción para cambiar su método. Tras reevaluar el acceso sur a través de Nepal, que anteriormente pensaban que era demasiado difícil, Hillary y su líder de la expedición, Eric Shipton, encontraron una posible ruta para escalar la montaña hasta la cima. La restricción no los desanimó, sino que los ayudó a encontrar otro camino.[9]

REVISA TUS CREENCIAS

No tienes que estar acorralado por las creencias limitantes. Puedes cambiarlas por verdades liberadoras. Me gustaría sugerir un sencillo proceso de cuatro pasos de auto entrenamiento para ayudarte a hacer eso. Es el mismo método que mi hija Megan Hyatt Miller y yo describimos en nuestro libro *Todo está en tu mente.*

Comencemos sacando la lista de aspiraciones que hiciste al comienzo del libro. Quizá tengas algunas más incluso, ahora que has tenido más tiempo para pensar. Eso está bien. Al leer esas aspiraciones, ¿alguna de ellas te parece inalcanzable, imposible? Es ahí donde entra en juego el proceso. Para seguirlo, puedes descargar nuestro Full Focus Self-Coacher™ escaneando el código QR o siguiendo el URL al final de este capítulo.

IDENTIFICA LA CREENCIA LIMITANTE → INTERROGA LA CREENCIA LIMITANTE → IMAGINA UNA VERDAD LIBERADORA → IMPLEMENTA UNA NUEVA ESTRATEGIA

En primer lugar, *identifica* la creencia limitante asociada a tu reacción En el capítulo anterior mencioné varias señales reveladoras. Si una creencia refleja el pensamiento en blanco y negro, podría ser una creencia limitante, y lo mismo si es personalizar, ser catastrofista, o universalizar. Nuestro lenguaje puede ayudarnos a descubrir el problema. Busca cualquier cosa que podrías decir en negativo o de forma universal: *no puedo, no podré, nunca, siempre, constantemente,* etc.

Estas creencias podrían provenir de experiencias del pasado, de los medios de comunicación, o de tu círculo social. Cualquiera que sea el contenido de la creencia, y sin importar cuán cierta parezca, es importante reconocer que es solamente una opinión sobre la realidad, y que existe una buena posibilidad de que sea equivocada. Podría ser algo como:

- "No tengo experiencia suficiente".
- "No tengo la experiencia correcta".
- "No soy capaz de escribir".
- "Siempre abandono".
- "No soy creativo".
- "Al final, siempre fracaso".
- "No soy muy bueno con el dinero".
- "No soy muy disciplinado".
- "Soy terrible con la tecnología".

Seamos sinceros. Podría ser cualquier cosa que pensamos sobre el mundo, los demás o nosotros mismos. Todos tenemos nuestros propios retos. La primera vez que hizo este ejercicio, Natalee, una de mis exalumnas del curso Tu Mejor Año, era la mamá joven y cansada de dos hijos. Recientemente había dejado su empleo y se mudó a una nueva ciudad con su familia. "Una de mis creencias limitantes era: no tengo la energía suficiente", me dijo. "No puedo llegar a esto porque estoy intentando mantener a estos dos pequeños humanos". Ese fue solamente el principio. Otra de las creencias limitantes de Natalee: "Quizá estoy hecha para ser mediocre, y tal vez estoy hecha para tener una vida de insignificancia".

Tuve un amigo que fue despedido de su trabajo cuando tenía más de cincuenta años. Lo llamaré Greg. La Gran Recesión estaba en todo su apogeo, y él lo tuvo realmente difícil para poder encontrar otro empleo. Durante el curso de tres años comencé a ver que esta historia echaba raíz en su pensamiento. Él decía: "Bueno, soy demasiado viejo". También tenía dos licenciaturas, y entonces la historia se convirtió en: "Tengo demasiados títulos". La situación de Greg era difícil, sin ninguna duda; pero el culpable no era su edad o su educación académica. Era sus creencias sobre su edad y su educación.

Al margen de cuál sea tu historia sobre el reto que estás enfrentando, no lo dejes flotando por el aire. A mí siempre me parece útil escribirla. Al escribirla, la exteriorizas. Ahora eres libre para evaluarla.

En segundo lugar, *interroga* la creencia. Es cuando evaluamos si la creencia es fácticamente precisa. Como decimos Megan y yo en *Todo está en tu mente*, la mayor parte de lo que creemos en realidad son conjeturas y suposiciones. Quizá sepamos alguna que otra cosa, pero cómo encaja eso en el resto de lo que sabemos a menudo es producto de saltos y suposiciones interpretativas. Si miramos a lo que creemos de forma más objetiva, muchas de esas suposiciones se desvanecen. También merece la pena preguntar si una creencia es útil. ¿Te empodera para lograr los resultados que quieres, o está evitando que lo logres?

"Fue difícil ver esas palabras sobre el papel", admitió Natalee. Hasta que escribió las creencias imitantes, su pensamiento estaba nublado; al exteriorizarlas, tuvo la libertad para confrontarlas. Y sucede lo mismo contigo. El truco está en separar los hechos de las historias. Los hechos son verificables, objetivos y ciertos. No son emociones, opiniones o conclusiones. Te verás tentado a buscar interpretaciones, causalidad, universalismos o incluso cambios en el contexto. Este trabajo es esencial para preparar el escenario para imaginar una creencia nueva y mejor.

Es importante observar que las personas a veces son adictas a sus creencias limitantes, como Charlie, de quien hablamos antes. Quizá les da un sentimiento de certeza, o tal vez les da un sentimiento de dramatismo o importancia porque creen que lo tienen todo solucionado. La evaluación sincera es la clave para la libertad.

En tercer lugar, *imagina* una creencia nueva y más empoderadora. Si la creencia limitante es falsa, puedes sencillamente rechazarla. A veces este es un cambio claro, como mis ejemplos personales anteriores.

Eso es lo que hizo Natalee. "Cuando vi esas creencias limitantes que escribí acerca de mí misma, me di cuenta de que provenían de un lugar muy oscuro", dijo. "Eso no era yo; todo eso provenía de algún otro lugar. Al escribir lo contrario de todo eso, las verdades liberadoras, me sentí muy bien al decir algo positivo sobre mí misma y comencé a gustar la confianza y ver la esperanza y la posibilidad de lo que yo podría llegar a ser si realmente comenzaba a creer en mí misma".

A veces, sin embargo, no es tan sencillo. Muchas creencias limitantes tienen un poco de verdad en ellas, y eso es lo que las hace ser tan convincentes, pero no son toda la verdad. Si una creencia limitante es cierta o es en parte cierta, no tienes que conformarte con eso; siempre puedes remodelar o volver a enmarcar la historia. Quizá tengas que plantear un caso, como hizo Bob Goff para Don Miller. Bob tomó la creencia limitante de Don ("No se me dan bien las relaciones") y le ofreció una verdad liberadora a cambio ("Se me dan bien las relaciones"), y entonces reforzó su caso con ejemplos de apoyo.

La negatividad en los medios de comunicación es otra fuente de creencias limitantes. Sí, suceden muchas cosas malas ahí fuera, pero es solo parte del cuadro. En contra de lo que los noticieros siempre dicen, la evidencia muestra que el mundo realmente está mejorando en diversas áreas clave:

- La expectativa de vida en el mundo continúa aumentando.
- Los salarios y los títulos universitarios otorgados a las mujeres siguen aumentando.
- El número de horas anuales de trabajo se sigue reduciendo.
- El número de democracias en el mundo sigue aumentando, mientras que el número de autocracias disminuye.

- El número de personas que son esclavas en todo el mundo sigue disminuyendo.

- Las tasas de delitos violentos siguen decreciendo.

- El número de guerras sigue disminuyendo.

- El número de árboles en el mundo sigue creciendo.

- Las muertes por enfermedades naturales comenzaron a disminuir drásticamente en la década de 1960 y siguen siendo bajas.

Y la lista continúa.[10]

En respuesta a Greg, que culpaba a su edad de no tener empleo, yo señalé al hecho de que los trabajadores de mayor edad con frecuencia tienen ventajas que los jefes desean y que encajan perfectamente en los ambientes emprendedores, entre las que se incluyen experiencia en la vida, capital intelectual, y profundas redes sociales. Investigadores en Duke y Harvard estudiaron pequeñas empresas que ganan al menos un millón de dólares y descubrieron que la edad media de sus fundadores era de treinta y nueve años.

"Había el doble de personas mayores de 50 que menores de 25", dice Vivek Wadhwa, quien dirigió el equipo de investigación. "En un proyecto de seguimiento, estudiamos los trasfondos de 549 emprendedores exitosos en 12 industrias de alto crecimiento", añade. "La edad promedio de los fundadores varones en este grupo era 40, y una proporción importante era mayor de 50".[11] La edad tiene sus ventajas.

Y lo mismo sucede con la juventud. Al principio de mi carrera tenía la sensación de que era demasiado joven para tener éxito, y oía a personas decir cosas similares todo el tiempo; pero eso es una excusa conveniente. Algunos de los ejecutivos y dueños de negocios más enérgicos y eficaces a los que he dado sesiones de coaching tienen veintitantos y treinta y tantos años. Más adelante volveremos a la historia emprendedora de Natalee, pero ella está en la misma barca. Otro amigo, que ni siquiera llega a los treinta años, es dueño de propiedades en línea multimillonarias y casi cien tiendas y gasolineras. Si crees que su edad es el problema, tu imaginación está jugando en tu contra. Es una creencia limitante creer que la edad define tu potencial de éxito en tus esfuerzos. ¿El significado que atribuimos a la edad? Totalmente arbitrario.

Cuando nos obsesionamos con lo incorrecto, pasamos por alto lo que es correcto. Eso distorsiona nuestra perspectiva y nos ciega a oportunidades que nos rodean. Quizá pienses: *Yo no soy una persona detallista*. Está bien. ¿Es una necesidad ser una persona detallista? Podrías aceptar que lo es y quedarte estancado; o podías replantearlo y decir algo como lo siguiente: "No soy una persona de detalles, pero siempre puedo colaborar con alguien que lo sea o delegar los detalles".

Si piensas: *Soy demasiado mayor para que me tengan en cuenta para esa oportunidad laboral*, podrías decir: "Tengo más experiencia que otros candidatos". Por el contrario, si piensas: *Soy demasiado joven para ese trabajo*, en lugar de ello podrías decir: "Tengo más energía y entusiasmo que otros candidatos". Considera la diferencia que marca la perspectiva en una entrevista de trabajo. La vieja creencia te retiene; la nueva te da un punto de apoyo para un progreso real.

Quizá no te creas del todo la nueva creencia al principio. No pasa nada. Pruébatela. Tal vez te resulte incómoda, como ponerte un abrigo que te queda grande, pero si continúas diciéndote esa verdad a ti mismo, finalmente encajará y te sentirás más cómodo con ella. Nuestras creencias limitantes no desaparecerán de inmediato cuando empezamos a "tratarlas". Demandan una atención continua. Se pueden infiltrar sigilosamente cuando estamos en una mala racha. Por eso sugiero que uses Self-Coacher siempre que sientas que te estás desviando. Cada vez que surja una creencia que no te sea útil, interrógala e imagínate una verdad más empoderadora. Y déjame que introduzca un cuarto paso. *Implementa*. Ninguno de los pasos previos importa a menos que pongas en acción tu nuevo plan.

¿CUÁLES SON TUS CREENCIAS LIMITANTES?

Por lo tanto, deja que te pregunte: ¿cuáles son tus creencias limitantes? Podrían ser creencias acerca del mundo, de otras personas o de ti mismo. ¿Cuáles son las historias y las expectativas que evitan que vivas el tipo de vida que quieres, el tipo de vida que habías de vivir?

Te animo a que hagas el Self-Coacher con unas cuantas de tus creencias limitantes. Si estás buscando más recursos para vencer las creencias limitantes, te recomiendo nuestro libro *Todo está en tu* mente. Megan y yo no solo explicamos por qué las creencias limitantes son tan predominantes, sino que también las interrogamos en profundidad e imaginamos nuevas verdades liberadoras.

Tú tienes lo necesario. Actualizar tus creencias es el primer paso hacia experimentar tu mejor año. El paso siguiente es pasar página con respecto al pasado de modo que puedas avanzar con confianza hacia el futuro.

Descarga tu Full Focus Self-Coacher®

BestYearEver.me/SelfCoacher

EJEMPLOS DE CREENCIAS LIMITANTES VS. VERDADES LIBERADORAS

DOMINIO DE LA VIDA	CREENCIA LIMITANTE	VERDAD LIBERADORA
Cuerpo	"No tengo resistencia para jugar al tenis".	"Puedo mejorar mi resistencia con trabajo de cardio para jugar al tenis".
Mente	"No tengo tiempo para leer regularmente".	"Puedo escuchar audio libros mientras conduzco al trabajo".
Espíritu	"Soy yo solo y no puedo marcar una gran diferencia".	"Puedo marcar una gran diferencia en la vida de alguien en quien quiera invertir".
Amor	"Soy muy malo haciendo regalos a mi cónyuge".	"Puedo prestar atención a los gustos de mi cónyuge y hacer una lista de ideas de regalos durante el año".
Familia	"Nunca me acuerdo del cumpleaños de nadie".	"Puedo usar el calendario del teléfono para acordarme de los cumpleaños de mis familiares".
Comunidad	"No aguanto que las zonas verdes de la ciudad estén desapareciendo".	"Puedo plantar y mantener un jardín común para disfrute de todos".
Dinero	"Nunca saldré de la deuda".	"Puedo aprender a presupuestar y empezar a apartar una cantidad regular para pagar la duda cada mes".
Trabajo	"No puedo hablar en la mesa con mis superiores, pues saben más que yo".	"Puedo preparar algunos temas para tener a mano y contribuir a la conversación".
Aficiones	"No sé jugar al golf para nada".	"Hay muchos recursos que puedo encontrar en línea para mejorar mi juego".

PASO 1

PLAN DE ACCIÓN

1. RECONOCE EL PODER DE TUS CREENCIAS

"Nuestros pensamientos determinan nuestras vidas", como dijo el monje serbio Thaddeus de Vitovnica. Tanto para bien como para mal, tus creencias tienen un impacto tremendo sobre tu experiencia de la vida. Reconocer ese hecho es el primer paso para experimentar tu mejor año.

2. CONFRONTA TUS CREENCIAS LIMITANTES

Todos tenemos creencias limitantes sobre el mundo, de otras personas y de nosotros mismos. Cuatro indicadores de que estás atrapado en una creencia limitante son si tu opinión está formada por:

+ Pensamiento en blanco y negro
+ Personalizar
+ Ser catastrofista
+ Universalizar

Un consejo para darte cuenta es escuchar tu propio lenguaje. También es importante identificar la fuente de tus creencias limitantes, ya sea la experiencia del pasado, los medios de comunicación, las redes sociales o relaciones negativas.

3. ACTUALIZA TUS CREENCIAS

Descarga una copia de Full Focus Self-Coacher escaneando el código QR o siguiendo el URL al final del capítulo 3. O consigue un librito, diario o tu agenda *Full Focus* y dibuja tres líneas en la hoja para que tengas cuatro columnas. Ahora utiliza este proceso de cuatro pasos para cambiar tus creencias limitantes por verdades liberadoras:

1. **IDENTIFICA** tu creencia limitante. Actualizar tu pensamiento es algo que comienza con ser consciente de él, así que toma un minuto para reflexionar sobre qué creencias te están reteniendo. En la columna de la izquierda, anota la creencia. Escribirla te ayuda a externalizarla.

2. **INTERROGA** la creencia. Evalúa cómo te está sirviendo la creencia. ¿Es fácticamente precisa? ¿Es la única manera de ver la situación? ¿Es empoderadora? ¿Te está ayudando a alcanzar tus metas? ¿Es cierta? En la columna del medio, escribe lo que esté mal de esta creencia limitante.

3. **IMAGINA** una creencia nueva y más empoderadora. A veces simplemente puedes poner patas arriba la creencia limitante. Intenta poner lo negativo en positivo. Otras veces podrías necesitar formar un caso contra ella o ver tus obstáculos desde un ángulo mejor. ¿Qué podría ser más cierto aún o más útil para perseguir tus aspiraciones? En la tercera columna, escribe una nueva verdad liberadora que se corresponda con la antigua creencia limitante.

4. **IMPLEMENTA** una nueva estrategia. Finalmente, identifica tus siguientes pasos en base a la nueva historia que has creado. ¿Cómo avanzarás?

PON FIN AL PASADO

¿Recuerdas a Tío Rico de *Napoleón Dinamita*? En su mediana edad no tiene nada que mostrar en su vida, pero cuando escucha sobre la máquina del tiempo de Napoleón, se vuelve deseoso. "Ahhh, vaya si desearía poder dar marcha atrás en el tiempo. Podría lograr algo", dice.

Toda su vida está enmarcada por la decepción de no aprovechar su oportunidad de ganar en el fútbol en la secundaria. "El entrenador me sacaría en el cuarto tiempo, y estaríamos en los campeonatos estatales", dice. "No tengo ninguna duda en mi mente".[1]

Todos conocemos a personas que están atascadas en el mismo tipo de rutina, ¿no es cierto? Eso probablemente nos incluye a nosotros hasta cierto grado, si somos sinceros. Después de las creencias limitantes, la siguiente barrera más común que encontramos es el pasado. Lo arrastramos como si fuera un camión lleno de muebles rotos. No podemos considerar plenamente el futuro porque estamos demasiado atados a lo que ya ha sucedido.

¿La razón? Estamos reaccionando a nuestras historias personales en lugar de conseguir el cierre que necesitamos para avanzar, lo que yo llamo poner fin al pasado. Es posible hacerlo. Todos hemos tenido experiencias buenas y malas, pero, como dijo el psicólogo Benjamin Hardy, "tu pasado es una historia. Cómo enmarques esa historia influirá en gran medida en tu Yo Futuro".[2]

Si podemos mirar al pasado con una mentalidad de abundancia en lugar de una mirada influenciada por la escasez, podemos enmarcar los eventos del pasado como algo que obra (al menos en parte) para nuestro bien, y no (totalmente) en detrimento nuestro. Cuando hacemos eso, podemos avanzar hacia el futuro con más esperanza y expectativas. Si, por el contrario, enfatizamos que nos han ofendido, que hemos perdido, o que hemos sufrido un revés tras otro, formaremos una narrativa que tiende a confirmar nuestra incapacidad para tener éxito. No es algo que nos ayude mucho.

Quedar atascado en el pasado limitará tu perspectiva del futuro. No quiero que eso te suceda a ti. Si te sucede, evitará que experimentes tu mejor año. El Paso 2 explica cómo obtener la resolución que necesitas.

4

PENSAR HACIA ATRÁS ES OBLIGADO

Conducimos hacia el futuro utilizando solamente
nuestro espejo retrovisor.
—MARSHALL MCLUHAN

Deberías tomar siempre lo mejor del pasado,
dejar lo peor ahí atrás y avanzar hacia el futuro.
—BOB DYLAN

He pasado la mayor parte de mi vida profesional en el campo editorial.
He trabajado prácticamente en todos los empleos en el negocio: mercadeo,
editorial, gerencia. Incluso pasé algún tiempo en representación literaria
y gerencia de artistas. Uno de mis clientes tenía a sus espaldas varios proyectos muy exitosos, y yo lo estaba preparando para lo que mi socio en el
negocio y yo esperábamos que sería un nuevo contrato muy importante.

Me estuve partiendo el alma trabajando casi todo un año, enfocándome
exclusivamente en este solo cliente. Antes de llevar el libro a las editoriales,

mi socio y yo realizamos una gira de noventa días en treinta ciudades con nuestro cliente. El resultado fue fantástico. Reunimos entre mil quinientas y dos mil personas por noche. Cuando terminamos, mi equipo y yo estábamos agotados, pero valió la pena. La casa editorial de nuestro cliente tomó nota y ofreció un contrato preferente para dos libros por un millón de dólares por libro. ¡Vaya! Mi socio y yo estábamos eufóricos. Habíamos invertido mucho en esta tarea, y estaba a punto de producir grandes resultados.

Se lo dijimos a nuestro cliente y esperábamos tener una respuesta entusiasta, pero entonces nuestras llamadas no eran respondidas. Había un silencio sepulcral. Algo estaba sucediendo. Después de intentarlo durante varias semanas, finalmente recibimos una respuesta. Estaba escrita en términos legales, pero el mensaje era claro. A punto de conseguir mi mayor contrato hasta la fecha, me despidieron.

El trato que yo había preparado para mi cliente era muy importante, pero eso le hizo pensar que podría pescar un pez incluso más grande. Firmó con una agencia que le prometió mejorar las condiciones. Mientras tanto, yo me quedé en la lona y sin nada que mostrar a cambio de mi inversión de todo un año. Eso me hizo caer en picado. Yo era un caos emocional. Sentía que mi carrera había terminado.

PENSAR HACIA ATRÁS

Poner fin al pasado es una parte esencial de diseñar un futuro mejor. "El razonamiento discurre no solo hacia adelante", como dicen los psicólogos Daniel Kahneman y Dale T. Miller, "sino también hacia atrás, desde la experiencia de lo que nos hace recordar o lo que nos hace pensar". Ellos lo denominan "el poder de pensar hacia atrás".[1] Si queremos experimentar nuestro mejor año, necesitamos aprovechar el poder de pensar hacia atrás para nosotros mismos. ¿Por qué?

No podemos poner fin al pasado hasta que reconozcamos lo que ya hemos experimentado. Como me dijo un amigo: "Una experiencia no está completa hasta que es recordada". No podemos simplemente ignorarlo o desear que se aleje. Cualquier cosa que hayamos experimentado en los doce últimos meses, o incluso más atrás, debemos abordarla. Si intentamos ignorarla, simplemente regresará para mordernos. ¿Cómo? A veces vivimos en el interior de historias poco útiles que nos relatamos a nosotros mismos. Otras veces albergamos ofensas para justificar nuestras acciones presentes, o nos sentimos infravalorados porque nos tomaron a la ligera o nos descartaron de alguna manera. Si no pasamos página, arrastraremos todos nuestros asuntos inconclusos hacia el futuro, y eso saboteará todo lo que intentemos construir al avanzar.

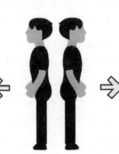

HACIA ATRÁS

APRENDIZAJE
CONCIENCIA
ANÁLISIS

HACIA ADELANTE

ACCIÓN
POSIBILIDAD
PROGRESO

Podemos razonar hacia adelante y hacia atrás. Pensar hacia atrás nos permite aprender y crecer, lo cual facilita un mayor progreso en el futuro.

Ahora bien, antes de seguir adelante quiero subrayar algo. El proceso que bosquejo a continuación está pensado para ayudarte a tratar reveses y frustraciones; no está pensado para ayudarte a tratar el trauma grave. Muchos de nosotros hemos soportado algunas sacudidas muy reales, incluso catástrofes. Quizá perdiste un matrimonio. Tal vez perdiste a un ser querido, o experimentaste un accidente, una enfermedad, un ataque violento, o la pérdida total de tu negocio. Hasta que abordes los eventos traumáticos, y a menos que lo hagas, pueden influenciarte e incluso definir tu futuro de maneras profundamente dañinas.

Lo que detallo a continuación solo puede llevarte hasta cierto punto. Si necesitas incorporar recursos externos, como un terapeuta, te recomiendo que lo hagas. Como dice Brené Brown, eso es "pura valentía".[2] Para el resto de nosotros, enumerar nuestros desengaños y procesarlos puede ser suficiente. Junto con eso, permíteme apresurarme a añadir que también debemos procesar nuestros éxitos y logros; es esencial anotar cuándo las cosas van ben. Como dijo Bob Dylan, nos llevamos con nosotros al futuro lo mejor del pasado.[3]

EL REPASO TRAS LA ACCIÓN

El ejército estadounidense tiene un método útil de pensar hacia atrás. Se denomina Repaso tras la Acción. Desarrollado por primera vez en 1981, las fuerzas armadas estadounidenses lo han estado utilizando desde entonces para mejorar el rendimiento y ser mejores en lo que hacen. Después de un acontecimiento, la meta es entender lo que sucedió, por qué sucedió, y cómo pueden mejorar. Muchos negocios utilizan este proceso, y también nosotros podemos utilizarlo. Este tipo de pensamiento hacia atrás te situará en una mentalidad excelente a medida que te preparas para diseñar tu futuro y experimentar tu mejor año.

Marilyn Darling, Charles Parry y Joseph Moore estudiaron el proceso de Repaso tras la Acción para la revista *Harvard Business Review*. Ellos ponen el ejemplo de un entrenamiento de batalla en el desierto de California. Llamaré a los dos lados Equipo 1 y Equipo 2. El Equipo 1 era excelente y en raras ocasiones era derrotado. Su tarea era ayudar a entrenar al Equipo 2 haciendo que recorrieran un escenario casi real. Pero en este caso, el Equipo 2 se las arregló para sorprender a los entrenadores con un plan de ataque inesperado. ¡Vaya! El Equipo 2 rompió las defensas del Equipo 1 y lo dejó sobrepasado en potencia de fuego y superado en táctica.

¿Bajaron los entrenadores sus cabezas con vergüenza y derrota? No. En cambio, realizaron un Repaso tras la Acción. Estudiaron lo que salió mal, lo que salió bien, y cómo ajustar su enfoque en el futuro. De hecho, el comandante del Equipo 1 lo llamó "un buen ensayo" para próximas misiones. ¿Por qué es importante esto? Porque poner fin al pasado se trata de avanzar hacia el futuro. Como dijeron los autores del estudio en *HBR*, un Repaso tras la Acción es "un proceso vivo y penetrante que conecta explícitamente la experiencia del pasado con la acción futura".[4]

Dividiremos este proceso de repaso en sus cuatro etapas clave. Recorreremos cada etapa con varias preguntas, y te alentaré a utilizar un diario o cuaderno para anotar tus respuestas.

La escritura es una herramienta poderosa para aprovechar el poder de pensar hacia atrás. Según un estudio de los investigadores de la Universidad de California, Sonja Lyubomirsky, Lorie Sousa y Rene Dickerhoof: "Los participantes que procesaron una experiencia negativa mediante la escritura o la conversación reportaron satisfacción mejorada en la vida y aumentaron la salud mental y física con respecto a quienes [meramente] pensaron en ello".[5]

¿Listo para comenzar?

ETAPA 1: DECLARA LO QUE QUERÍAS QUE SUCEDIERA

Para el ejército, esto es bastante claro. Piensa en ello como el plan de batalla o el objeto de la misión. Para nosotros, podría ser la lista de metas del año anterior, o también podría ser algo menos definido. Quizá sea una esperanza, un sueño o una expectativa no expresada.

Comienza preguntándote, *¿Cómo veía el año?* y *¿Cuáles eran mis planes, mis sueños, mis metas concretas, si es que tenías alguna?* No te enfoques solamente en una o dos áreas. Recuerda que nuestra vida está formada por nueve dominios interrelacionados: cuerpo, mente, espíritu, amor, familia, comunidad, dinero, trabajo y pasatiempos. Es importante tener claro lo que querías que sucediera en todos esos dominios. En el caso de mi ejemplo personal al comienzo de este capítulo, yo quería elevar la visibilidad de mi cliente, mejorar su atractivo para las editoriales, y obtener el mayor contrato de mi carrera hasta ese momento.

Blake, uno de mis exalumnos de Tu Mejor Año, planeaba mudarse a Nueva York, encontrar un nuevo empleo e invertir en una relación a largo plazo. Pero justamente antes de dar el salto, la vida dio un giro. Su novia rompió su relación mientras él estaba de visita en Nueva York. Fue un lunes. El miércoles, su vecino en su hogar llamó para decirle que había caído un árbol sobre su casa.

"Por fortuna, nadie resultó herido", dijo Blake. "Pero sí declararon el edificio en ruinas". Por si eso no fuera suficiente, su mamá llamó esa misma semana y dijo que iba a vender su casa, lo cual fue un golpe emocional porque él se crio allí y estaba muy unido al lugar.

"Así que pasé de seguir a esa chica y emprender una carrera nueva a no tener relación, no tener casa, y tampoco un hogar de mi niñez". Si su año fuera una película, Blake dijo que debería haberse titulado *No esperaba que las cosas fueran así.*

Quizá puedes identificarte con eso. Al pensar en cada dominio de la vida, no te sorprendas si comienzas a sentirte incómodo. Puedo decir por anteriores estudiantes que han trabajado en este proceso, que quizá puedas experimentar una profunda emoción. Algunas personas sienten decepción, otras disfrutan de una verdadera emoción, algunas sienten tristeza, y otras sienten enojo.

"Yo tenía mucho bagaje emocional conmigo al no haber alcanzado mis metas en el pasado y en torno a mis problemas de salud, y conflictos no resueltos en las relaciones", admitió Ray, otro de los exalumnos de Tu Mejor Año. "Nunca antes tuve la experiencia emocional que experimenté al realizar este ejercicio de poner fin al pasado".

Esto no se aplica a todo el mundo, desde luego. Los resultados pueden variar, como dicen. Algunas personas se sienten vigorizadas por su desempeño del año anterior. Y no te sorprendas si no sientes ninguna emoción significativa en absoluto. Lo importante es ser consciente de tus sentimientos a medida que recorres estas cuatro etapas.

ETAPA 2: RECONOCE LO QUE SUCEDIÓ REALMENTE

Cuando declaraste lo que querías que sucediera, probablemente fuiste consciente de las brechas. Querías conducir desde Los Ángeles hasta Nueva Jersey. Mientras tanto, a tu auto se le rompió una biela en Arkansas. Hay una distancia entre tu deseo y la realidad actual. Algunas de tus metas, quizá muchas de ellas, siguen sin cumplirse; por lo tanto, hazte esta pregunta: *¿Qué decepciones o lamentos experimenté este año pasado?*

Debido a que esos recuerdos pueden ser dolorosos, es tentador descartarlos o ignorarlos. Pero como dice la periodista Carina Chocano: "El propósito del arrepentimiento no es intentar cambiar el pasado, sino arrojar luz sobre el presente".[6]

No querrás dejar esos recuerdos colgando en el aire o echarlos a tus espaldas como si no importaran, pues ambas cosas evitarán que emprendas una acción significativa en el presente. Regresaremos al tema del arrepentimiento en el capítulo siguiente. Quiero compartir algunos resultados de investigaciones que pueden desencadenar un crecimiento personal y profesional muy poderoso en el próximo año. Por ahora, es suficiente con anotar tus decepciones para que así puedas comenzar a ocuparte de ellas.

Otra pregunta que deberías hacerte: *¿Qué sentí que debería haber sido reconocido, pero no lo fue?* Esta pregunta fue muy poderosa para el alumno James de Tu Mejor Año: "Muchas de mis creencias limitantes provenían del pasado y de los fracasos que yo había tenido", dijo. "Verdaderamente no eran grandes fracasos, pero mi mentalidad en aquella época era: 'Vas a fracasar, vas a fracasar, vas a fracasar'. Había muchas cosas por las que no me reconocían, y yo traducía eso en: 'Bueno, no lo habrás hecho bastante bien'".

Cuando reconoció eso, James pudo replantearlo. "No", se dijo a sí mismo, "no fuiste reconocido porque estabas en el lugar equivocado". Esa comprensión finalmente condujo a una confianza renovada y un importante cambio de carrera profesional.

Seamos sinceros: alguna versión de esa misma historia nos sucede a todos nosotros. Quizá eres una mamá soltera que trabaja duro, mantienes a tus hijos y vences los obstáculos cada día. O tal vez tomaste la decisión heroica de defender tu matrimonio cuando en realidad tenías ganas de abandonar. Quizá te comprometiste a sacrificar parte de tu mañana para hacer ejercicio cuando parecía que realmente no tenías tiempo. Cualquier cosa que sea, existe un poder emocional real en admitir lo que nos gustaría que otros hubieran observado y elogiado en nuestras acciones, pero no lo hicieron.

No te detengas ahí. Pregúntate: *¿Qué logré este año pasado que más me enorgullece?* Poner fin al pasado no se trata solamente de procesar fracasos y decepciones; también se trata de reconocer y celebrar tus victorias. Es importante observar no solo lo que fue mal sino también lo que fue bien y el modo en que tus creencias y conductas contribuyeron a ese resultado.

Con frecuencia minimizamos esto o nunca pensamos en hacerlo, pero es clave para reconocer nuestra influencia y que ya hemos vencido obstáculos. Eso nos da confianza para el futuro.

Podría haber sido algo como correr una carrera de 10 kilómetros, o incluso una media maratón el año pasado. O quizá celebraste un hito en tu empleo o tu matrimonio. Tal vez terminaste una licenciatura o pagaste por completo tu deuda de estudios. Quizá lanzaste un nuevo negocio o superaste tus objetivos de ventas en un porcentaje significativo. Independientemente de lo que sea, es importante reconocer lo que lograste este último año. Apuesto a que te va mejor de lo que reconoces.

Natalee, la alumna de Tu Mejor Año que presenté antes, dijo que este ejercicio fue "fundamental" para ella. Cobró vida cuando analizó el impacto positivo que había tenido sobre personas que dejó en su empleo anterior. "Me di cuenta de que había hecho algunas cosas realmente asombrosas", dijo. "Me hizo bien reconocer eso yo misma, pero también me hizo bien reconocer que estaba atravesando el país y yo misma dirigía mi vida. Estaba dejando ese empleo que tanto amaba, y lo hacía por mi familia. Fue realmente bueno haber tomado el tiempo para felicitarme a mí misma por esos logros".

Nuestra siguiente pregunta, sería, *¿Cómo obraron los eventos del año pasado, buenos y malos, para mi propio bien?* Es aquí donde podemos ser más intencionales a la hora de comenzar a volver a enmarcar nuestras experiencias para que sean historias sobre el pasado más empoderadoras. No estoy hablando de ignorar los verdaderos reveses, heridas o decepciones. Me refiero a escoger darles a esas experiencias un significado beneficioso. Cómo caracterizamos el pasado importa tanto como lo que verdaderamente ocurrió, si no más.

"Cuando enmarcas el pasado de forma negativa", advierte Benjamin Hardy, "tus metas se vuelven reactivas contra tu pasado y se basan en él. Tus metas se vuelven de corto plazo y orientadas a evitar, lo cual te hace querer escapar del dolor del presente". Por otro lado, él dice: "Tener un pasado positivo depende muy poco de qué eventos ocurrieron. Lo que te ocurrió no importa tanto como la historia que decides contarte a ti mismo sobre lo que ocurrió… La historia que creas sobre los eventos pasados dicta lo que tu pasado significa para tu presente y para tu Yo Futuro".[7]

Para terminar esta etapa, es útil extraer algunos temas. *¿Cuáles fueron dos o tres temas específicos que siguieron apareciendo?* Podrían ser palabras, frases, o incluso párrafos completos. Para mí, este año pasado implicó ser muy productivo mientras protegía mi margen. No solo lanzamos un nuevo libro, *Todo está en tu mente*, sino que también aparté más tiempo para escribir y dar coaching a mis clientes. Pero fue vital para mí hacerlo a la vez que seguía teniendo el descanso y la recuperación que hacen posible este tipo de productividad desde un principio.

Así soy yo. Quizá tu tema fue tomar decisiones difíciles en una economía desafiante. Otro de ellos podría ser retar creencias negativas acerca de tu cuerpo, o quizá fue dar un paso y comenzar un nuevo negocio; o restaurar una relación dañada. Hay tantos ejemplos como personas.

ETAPA 3: APRENDE DE LA EXPERIENCIA

Voy a regresar a la historia con la que comencé el capítulo. Cuando mi cliente me despidió a punto de firmar nuestro mayor contrato hasta esa fecha, me dejó pasmado. Yo creía que había hecho un trabajo estupendo; además, habíamos disfrutado de una relación personal por mucho tiempo. Me dejé el alma en el trabajo durante un año, enfocándome exclusivamente en este cliente; pero mi cliente no estaba tan impresionado. Tenía su mirada puesta en cosas mayores y decidió que yo no podía llevarlo hasta ahí. Por lo tanto, sin ni siquiera dialogar, me dejó tirado.

Al final fue una experiencia aleccionadora pero útil. Aprendí tres lecciones importantes. En primer lugar, los clientes (y los compradores) pueden ser veleidosos. No podía permitirme poner todos mis huevos en una sola cesta. Si no dividía el riesgo, podría volver a encontrarme otra vez en graves problemas. En segundo lugar, aprendí que no podía suponer que las victorias del presente serían recordadas o apreciadas. Tenía que seguir elevando el estándar. Finalmente, aprendí que tenía que asegurarme el respaldo de todas las partes relevantes desde el comienzo. Resultó que mi cliente y su junta directiva tenían ideas diferentes sobre lo que yo estaba entregando. Estas tres lecciones han sido muy valiosas a lo largo de los años.

¿Y qué de ti? Pregúntate: *¿Cuáles fueron las lecciones de la vida más importantes que aprendí este año pasado?* A menos que aprendamos de nuestras experiencias, no podemos crecer. Probablemente hayas oído la frase del filósofo español George Santayana: "Quienes no pueden recordar el pasado están condenados a repetirlo". Si tienes problemas para identificar tus lecciones clave del año, una manera de extraerlas es preguntarte qué le faltó a tu éxito. Quizá fue una planificación estratégica: te gustaría haber hecho más de eso en tu negocio. Tal vez te gustaría haberle sacado más partido a ese negocio, o haber ahorrado más dinero, haber pasado más tiempo con tu cónyuge, o haber jugado más con tus hijos, haber tomado un año sabático, o haber leído más libros. Enumerar estos ingredientes faltantes es una manera eficaz de saber lo que fue mal y lo que sería necesario para que vaya bien en el futuro.

Santayana también dijo: "El progreso... depende de la retentiva".[8] Para retener estas lecciones, querrás plasmar tus descubrimientos en declaraciones breves y concisas. Eso transforma tu aprendizaje en sabiduría para guiar tu camino hacia el futuro.

Solo como ejemplo, esto es lo que escribí hace un par de años: "Llega un momento en cada experiencia en la que estoy demasiado adelantado para abandonar, pero casi seguro de que no puedo terminar. Si sigo hacia adelante, finalmente llegaré hasta el otro lado". Esa fue una lección de la vida que me resultó importante aprender en ese momento, y puedo acudir a ella cuando enfrento experiencias similares en la actualidad. Aquí esta otra: "No pienses demasiado en el resultado, tan solo haz lo correcto a continuación". O, "puedo hacer cualquier cosa. Simplemente no puedo hacer todo lo que quiero". ¡Aún no he terminado de aprender esa lección!

Ya captas la idea. Plasma las lecciones de tus experiencias para así no perderlas, y que puedan servir como herramientas al avanzar.

ETAPA 4: AJUSTA TU CONDUCTA

Si algo en tus creencias y conductas contribuyó a la brecha existente entre lo que querías que sucediera y lo que realmente sucedió, algo tiene que cambiar. De hecho, esa brecha solamente será más amplia y empeorará a menos que tú des un giro. No es suficiente con reconocer la brecha; ni siquiera es suficiente con aprender de la experiencia. Si no cambias tus creencias y tu modo de actuar al respecto, en realidad estarás peor que cuando comenzaste.

Si yo no hubiera ajustado mi conducta como resultado de lo que aprendí al perder mi negocio, toda esa tristeza no habría servido de nada. Me habría encontrado en la misma situación una y otra vez. En cambio, a

PLASMA LAS LECCIONES

DE TUS EXPERIENCIAS

PARA QUE PUEDAN

SERVIR COMO

HERRAMIENTAS

AL AVANZAR.

medida que he progresado en mi carrera he actuado según esas lecciones y me he ahorrado muchos problemas como resultado.

Anteriormente mencioné que los negocios con frecuencia utilizan el Repaso Tras la Acción para mejorar su rendimiento, pero la mejoría no siempre se produce, ¿no es cierto? La razón, según *Harvard Business Review*, es que las organizaciones dejan caer la pelota al final. Por lo general no aplican lo que aprendieron, y así sus descubrimientos solamente se quedan acumulando polvo en un estante o se pierden en un servidor en algún lugar. No permitas que eso te suceda a ti.

AVANCE

A pesar del duro comienzo, después de terminar su Repaso Tras la Acción, Ray dijo que fue "la parte más poderosa del curso" para él. ¿Por qué? "Cuando terminé con ese proceso sentí mucha claridad. Fue como si se hubieran abierto mil pequeñas ventanas en mi computadora al mismo tiempo, y pude (*clic*) cerrar todas las ventanas. Fue muy liberador".

Apuesto a que lo mismo será cierto en tu caso. Pensar hacia atrás de este modo puede ayudarnos a aprender del pasado y construir positivamente nuestro futuro. Las cuatro etapas de un Repaso Tras la Acción eficaz son beneficiosas para poner fin a nuestro pasado; pero también es beneficioso reconocer que algunas de nuestras mayores decepciones pueden conducirnos a nuestras mayores posibilidades para el nuevo año. Hablaremos de eso a continuación.

5

EL ARREPENTIMIENTO REVELA OPORTUNIDAD

Mi nueva regla: siempre que las cosas vayan mal,
espera y mira qué cosa mejor llegará.
—SCOTT CAIRNS

Si todo fuera perfecto, nunca aprenderías y nunca crecerías.
—BEYONCÉ KNOWLES

Al principio de mi carrera profesional yo era un ocupado ejecutivo que trabajaba para dejar mi marca en la industria editorial. Los libros eran mi mundo, y me encantaba mi trabajo. Tenía hambre y deseos de avanzar; pero el trabajo era solamente parte de mi vida. Mi esposa Gail y yo comenzamos a tener hijos pocos años después de casarnos. Tuvimos cinco hijas en menos de diez años. Como podrás imaginar, la vida era una locura.

Dado el tamaño de mi familia, yo sentía mucha presión financiera. Eso unido a mi ambición natural era un cóctel muy potente. Trabajaba muchas horas, esperando poder conseguir otro ascenso y el aumento de salario que implicaba. Durante la mayoría de aquellos años también hacía trabajo extra para suplir nuestras necesidades y ganar terreno financieramente hablando.

Para resumir la historia, con frecuencia me sentía abrumado con todo lo que tenía que hacer. Me sentía culpable por no pasar más tiempo en casa, y me tambaleaba al borde del agotamiento. Lo que estaba en juego en el trabajo era mucho, pero lo que estaba en juego en casa era mucho más. De algún modo pude seguir adelante, incluso atravesando algunas crisis de negocio graves. Pero finalmente descubrí que estaba en peligro de perder mi conexión con mis hijas, y Gail a veces tenía la sensación de ser una mamá soltera, de haberse quedado viuda por todo mi trabajo.

Sinceramente, a veces las cosas eran muy delicadas. A medida que fui consciente del costo que mi dedicación al trabajo tenía sobre mi familia, fue como si una bomba gigantesca de arrepentimiento explotara en mi regazo. Es probable que puedas identificarte hasta cierto grado.

El arrepentimiento es parte de nuestra "programación cognitiva", según el autor Daniel Pink. Recientemente llevó a cabo un estudio masivo sobre el arrepentimiento. El equipo de Pink hizo muchas preguntas a casi 4.500 estadounidenses, y entre ellas estaba con qué frecuencia echaban la vista atrás en la vida y deseaban haber hecho algo diferente.

"Solo un uno por ciento de los encuestados dijo que nunca habían hecho eso", dice Pink, "y menos del 17 por ciento lo habían hecho en raras ocasiones". Pero lo realmente impactante es cuán universal parece ser reconocer el arrepentimiento. "Cerca del 43 por ciento dijeron hacerlo frecuentemente o todo el tiempo", dice él. "En total, un enorme 82 por ciento dicen que esta actividad es parte de su vida, al menos de forma ocasional, haciendo que los estadounidenses tengan más probabilidades de experimentar arrepentimiento que de pasarse el hilo dental por los dientes".[1]

NO HAY UN AUTO CORRECTOR PARA LAS AGUJAS DE TATUAJES

Cuando era joven, las únicas personas que llevaban tatuajes eran moteros, presidiarios y marineros. A lo largo de las dos últimas décadas eso ha cambiado mucho. Donde yo vivo, en las afueras de Nashville, Tennessee, es imposible pasar por alto diseños coloridos y elaborados que se muestran plenamente o sobresalen por cuellos, mangas y pantalones. Y eso es cierto en todo lugar.

Según una reciente encuesta Harris, casi una tercera parte de los adultos estadounidenses llevan un tatuaje en esta época.[2] El porcentaje es más elevado en mi casa. Tres de mis hijas tienen tatuajes.

Hasta ahora, a mis hijas les encantan. Eso es cierto para la mayoría, pero también es normal el arrepentimiento. Aproximadamente una de cada cuatro personas lamenta la decisión de hacerse un tatuaje. ¿Por qué? Los tatuajes pueden durar mucho más que el deseo de hacerse uno. Además de eso, no todo el mundo que utiliza agujas con tinta es un Miguel Ángel, y las agujas de los tatuajes no vienen con auto corrector. A continuación, tenemos algunos fallidos:

+ "Nunca olvides que Dios aún no ha terminado conmigo".

+ "Todo ocurre por una razón".

+ "La vida es un juego. Arriésgate".

+ "Ningún sueño es demasiado grande".

+ "No te arrepientas de nada".

Según la encuesta Harris, la mala ejecución es una de las principales razones por las que las personas se arrepienten de los tatuajes. Un sitio web que miré tenía más de novecientos ejemplos de diseños fallidos, incluidos los anteriores.[3] No es extraño que la eliminación de tatuajes sea ahora la operación estética de mayor crecimiento en el mundo.[4] Y no es extraño que tatuajes poco favorecedores sean símbolos muy adecuados para el arrepentimiento. Pero eso es solo parte del cuadro.

Cuando Brené Brown estaba investigando el tema de los arrepentimientos para su libro *Rising Strong* (Más fuerte que nunca), una amiga le envió un ejemplo parecido: el novio de la peor pesadilla de los padres de la película de Jennifer Aniston *Somos los Miller*, quien muestra con orgullo su tatuaje que dice "No Ragrets" (Sin arrapantimientos). "Es una metáfora perfecta para lo que he aprendido", dice Brown. "Si no te arrepientes de nada, o intencionalmente te propones vivir sin arrepentimientos, creo que te estás perdiendo el valor mismo del arrepentimiento".[5]

¿El *valor*? Un reto que la mayoría de nosotros enfrentamos al poner fin al pasado es el molesto sentimiento de haber fallado de algún modo. Esto no es un tatuaje; esto es existencial. Si aún respiras, probablemente eres consciente de una manera al menos en que no has estado a la altura. Tras un poco de pensar hacia atrás con la ayuda del capítulo anterior, ese número fácilmente puede aumentar hasta decenas, incluso centenas. Puede ser desalentador.

Pero no es ninguna tragedia. Algunas personas se quedan un poco sorprendidas al pensar que el arrepentimiento pueda tener algún valor. Nuestra cultura tiene tendencia a pasarlo por alto. No me refiero a minimizar el dolor del lamento o el arrepentimiento, pues el dolor puede ser real e intenso. El problema es cuán rápidamente nos distanciamos de él. Preferimos no vivir con ese sentimiento el tiempo suficiente para obtener el beneficio, y eso es un gran error.

Cuando se trata de experimentar nuestro mejor año, podemos aprovechar nuestros arrepentimientos para que revelen oportunidades que de otro modo pasaríamos por alto. Si lo miras de la manera correcta, el arrepentimiento es un regalo de Dios. Para citar a la psicóloga de la Universidad de Michigan, Janet Landman, en su libro sobre el tema: "Todo depende de lo que hagamos con ello".[6]

LOS USOS DEL ARREPENTIMIENTO

Antes de ver los beneficios, examinemos un uso común, pero poco útil, del arrepentimiento: la auto condenación. "El delta entre *Soy un metepatas* y *Metí la pata* puede parecer pequeño", dice Brown, "pero de hecho es inmenso".[7] Cuando nos enfocamos en nosotros mismos en lugar de hacerlo en nuestro desempeño, nos resulta más difícil proponernos mejorar la próxima vez por la simple razón de que la mejoría no es el enfoque.

Digamos que perdiste los nervios con uno de tus hijos o con un amigo. O digamos que metiste la pata en un reporte que le costó a tu negocio un nuevo cliente lucrativo. Podrías hablar de lo malo que eres como persona, y eso sería de poco consuelo para tu amigo o tus compañeros de trabajo, y no lograría nada en cuanto a la conducta en el futuro. O podrías identificar el mal desempeño. Al haber hecho eso, estás en una posición no solo de reparar la brecha actual sino también de evitar que vuelva a ocurrir.

Los arrepentimientos dirigidos hacia uno mismo no solo no ayudan a mejorar nuestro desempeño, sino que están sobre la mesa de la evidencia en el tribunal de nuestra mente como un montón cada vez mayor de pruebas, demostrando todas nuestras peores creencias limitantes sobre nosotros mismos. No importan los prejuicios incorporados que lo confirman. Todos somos falibles, de modo que, si crees que tú eres un fracaso, nunca te quedarás sin pruebas. Cada ocasión nueva cimenta aún más la historia. Y como tendemos a experimentar lo que esperamos, como hemos visto, probablemente obtendremos más de lo mismo.

Si, por el contrario, crees que simplemente fallas a veces, puedes comenzar a evaluar lo que falta en tu desempeño y buscar acción correctiva. Hay un dicho: "El éxito consiste en ir de fracaso en fracaso sin perder el entusiasmo". Tú no eres un fracaso, de modo que el fracaso que experimentas crea disonancia que requiere tu atención para resolverla.

Eso es lo que me sucedió cuando entendí que mi enfoque del trabajo estaba alejando a mi familia. Mi esposa y mis hijas me importaban más que mi trabajo, pero mis acciones decían otra cosa. Esa disonancia me condujo a cambiar mi enfoque y reedificar esas relaciones.

Landman identifica varios beneficios del arrepentimiento. Vale la pena mencionar tres aquí.

1. *Enseñanza,* que está relacionado con la etapa 3 del proceso de Repaso Tras la Acción. El arrepentimiento o lamento es una forma de información, y reflexionar en nuestros errores es crítico para evitar esos mismos traspiés en el futuro.

2. *Motivación* para cambiar. Landman dice: "El arrepentimiento no solo puede decirnos que algo es equivocado, sino también puede movernos a hacer algo al respecto". Sin ninguna duda yo sentí eso con Gail y mis hijas.

3. *Integridad.* El arrepentimiento puede funcionar en nosotros como una brújula moral, señalándonos cuándo nos hemos desviado del camino.[8]

Estas tres razones por sí solas deberían ser suficientes para que pensemos dos veces en nuestro descarte instantáneo del arrepentimiento. Cuando la bomba del remordimiento explotó en mi vida, fui capaz de reevaluar y reorientar mis prioridades. Restaurar mis relaciones más importantes fue un trabajo duro, pero sin arrepentimiento habría sido imposible. Yo habría sido inconsciente de la necesidad o estaría resentido porque los demás no estaban cargando su parte de peso.

El arrepentimiento me obligó a adueñarme de mi papel en el fracaso y corregirlo, y la relación con mis hijas nunca ha sido mejor de lo que es en la actualidad. Pero aquí suceden más cosas.

EL PRINCIPIO DE LA OPORTUNIDAD

Hace varios años, un par de investigadores de la Universidad de Illinois catalogaron los mayores arrepentimientos de las personas en la vida. Neal J. Roese y Amy Summerville combinaron los resultados de múltiples estudios y los sometieron a un nuevo análisis, junto con la realización de estudios adicionales propios.

Familia, finanzas y salud salieron en la lista, pero los seis mayores remordimientos que expresaron las personas eran sobre educación, carrera profesional, romance, educación de los hijos, automejora y ocio. Observemos que estas áreas de mucho arrepentimiento se relacionan de cerca con los nueve dominios de la vida que bosquejé al comienzo del libro. Si tu PuntuacióndeVida fue baja en algún dominio en particular, bienvenido al drama humano. No estás solo.

Roese y Summerville mapearon un proceso de tres etapas de acción, resultado y recuerdo. En la primera, damos pasos hacia una meta. En la segunda, experimentamos el resultado de nuestro esfuerzo. Si no tenemos éxito, con frecuencia se desencadena el arrepentimiento. Donde se pone interesante es en la etapa 3: recuerdo.

Los investigadores descubrieron que "los sentimientos de satisfacción y decepción son más fuertes donde las oportunidades de reacción correctiva son más claras".[9] Los arrepentimientos, en otras palabras, no solo discurren hacia atrás como si fueran una alcantarilla bloqueada, rebosando malas experiencias del pasado. También señalan hacia adelante hacia nuevas y esperanzadoras posibilidades. Ellos denominaron a su descubrimiento el Principio de la Oportunidad, y está alejado casi 180 grados de nuestras típicas suposiciones.

Los arrepentimientos no solo nos conducen hacia la acción correctiva, pues hay estudios que muestran que también tenemos tendencia a sentir arrepentimiento de modo más fuerte cuando la oportunidad de mejoría está en su punto máximo. A nadie le va bien bajo una aplastante carga de arrepentimiento. Por fortuna, nuestra mente tiene procesos naturales como la remodelación para quitarse de encima el peso, especialmente cuando hay poca posibilidad de arreglar la situación. Hemos reconocido esto desde siempre; es de donde obtenemos sabiduría popular como la que dice: "el tiempo cura todas las heridas".

Lo que no siempre hemos reconocido es que el arrepentimiento algunas veces nos sigue de cerca precisamente porque está señalando una oportunidad para mejorar nuestra situación, ya sea regresar a la universidad, cambiar de carrera profesional, o restaurar relaciones.

Voy a dramatizar algunos de los detalles, pero una mujer que conozco, llamémosla Jen, se desconectó de su familia. Sintiéndose atrapada en una relación de control, había llegado a creerse varias creencias limitantes que personas importantes para ella le habían dicho. Pensaba que no tenía capacidad para mantener un empleo estable. Le habían dicho, y se había creído, que se le daban mal las matemáticas y, por lo tanto, no podría manejar la economía de la pareja. También le habían dicho que su familia había sido negativa con su pareja y que debía guardarles rencor y no mantener el contacto.

Estas creencias tóxicas le cargaban. Las fiestas eran tristes y solitarias. La pandemia de la COVID-19 creó un entorno perfecto para que su pareja se aprovechara de su forma de pensar de sí misma y de su potencial. Cuando pasó otra Navidad sin ver a sus padres o hermanos, Jen comenzó a reconocer el sentimiento de arrepentimiento.

Un día, después de una discusión particularmente acalorada con su pareja, tomó su teléfono y de manera instintiva marcó el número de teléfono de la casa donde creció. Su mamá respondió, y Jen rompió a llorar.

"Escuchar la voz de mi mamá produjo una oleada de arrepentimiento que había reprimido durante años", compartía Jen. "Llegué a creer que mi familia eran los malos de la historia de mi vida, que ellos eran los culpables de todos mis problemas".

Jen contaba entre lágrimas su conversación de restauración con su mamá que finalmente se convirtió en el catalizador para que Jen dejara su relación podrida, se mudara temporalmente con su hermana y reconstruyera su relación con su familia. Liberada de la influencia de su pareja, Jen también vio que le resultó fácil combatir las creencias limitantes que había llegado a aceptar.

Jen hizo lo que dice Daniel Pink que todos deberíamos hacer: optimizar el arrepentimiento.[10] En lugar de quedarse bajo el peso de su situación, permitió que ese sentimiento de arrepentimiento le impulsara hacia la reconciliación con su familia. Es un cuadro perfecto del Principio de la Oportunidad en acción, y estoy seguro que nos identificamos con el caso de arrepentimiento de Jen en un área u otra de nuestra vida. Roese y Summerville dicen: "El arrepentimiento persiste precisamente en esas situaciones en las cuales la oportunidad para la acción positiva sigue siendo elevada".[11]

Esto señala al menos hacia una razón por la cual Landman subtituló su libro *La persistencia de lo posible*. El arrepentimiento es un potente indicador de oportunidad futura.

UNA SEÑAL DE TRÁNSITO, NO UNA BARRICADA

El Principio de la Oportunidad es un punto de inflexión. Piensa en tu Puntuación de Vida. ¿En qué dominio obtuviste menos puntaje? Quizá es tu vida social, los intereses de ocio, y el desarrollo espiritual. O tal vez sea tu carrera profesional o salud financiera. Cualesquiera que sean esos dominios, es el momento de pensar de nuevo en el arrepentimiento. En lugar de ser una barricada para el progreso, piensa en ello como una señal de tránsito que señala el camino hacia adelante.

Al principio de este capítulo, cité a Daniel Pink diciendo que el arrepentimiento es parte de nuestra "programación cognitiva". Los elementos positivos del arrepentimiento realmente están ubicados en nuestra neurobiología. Escáneres cerebrales ubican la experiencia del arrepentimiento por encima de nuestros ojos en la corteza orbitofrontal media. Cuando esa parte del cerebro ha sido dañada, los pacientes no solo carecen de sentimientos de arrepentimiento, tampoco son capaces de corregir la conducta que desencadenaría el arrepentimiento en una persona saludable.[12]

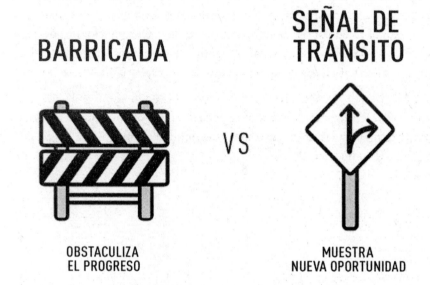

BARRICADA VS **SEÑAL DE TRÁNSITO**

OBSTACULIZA EL PROGRESO   **MUESTRA NUEVA OPORTUNIDAD**

Podemos tratar el arrepentimiento como una barricada para nuestro progreso, o una señal de tránsito que señala el camino hacia un futuro mejor.

En otras palabras, el hecho de que sintamos arrepentimiento es evidencia de que tenemos lo necesario para hacer cambios positivos en nuestras situaciones, independientemente de cuán nefastas puedan parecer. Las únicas personas sin ninguna esperanza son quienes no sienten ningún arrepentimiento. Por fortuna, como demuestra el estudio sobre el arrepentimiento de Pink, eso probablemente no nos suceda a muchos de nosotros. Si sientes arrepentimiento, aún hay una posibilidad de rectificar el asunto, o al menos de crecer en base a esa experiencia.

"El arrepentimiento no es algo agradable, no", afirma Neal Roese, "pero también fuerza al individuo a mirar hacia adentro, a reevaluar las suposiciones y los patrones del pasado". Él señala hacia el valor de "experimentar profundamente el arrepentimiento, escuchando lo que [nos] dicen esas emociones, lo que revelan sobre [nuestros] deseos más profundos, y después a actuar rápidamente sobre estos hallazgos recién descubiertos".[13]

¿Y si tus mayores frustraciones del año pasado estuvieran realmente señalando hacia algunas de tus mayores ganancias en el siguiente? ¿Y si el arrepentimiento no nos está recordando lo que es imposible, sino más bien señala hacia lo que es posible? En lugar de considerar que nuestro arrepentimiento obra en contra de la oportunidad de crecer y mejorar, podemos verlo como que en realidad señala el camino hacia ese crecimiento y mejora que más deseamos. ¡Eso sí que es cambiar una creencia limitante por una verdad liberadora!

Al dar el siguiente paso en tu viaje hacia tu mejor año, quiero alentarte a que te mantengas en un marco de posibilidad. Y tengo una sugerencia más sobre cómo hacerlo.

LAS ÚNICAS PERSONAS

SIN NINGUNA

ESPERANZA SON

AQUELLOS SIN

REMORDIMIENTOS.

6

LA GRATITUD MARCA LA DIFERENCIA

Es solo con gratitud como la vida se vuelve abundante.
—DIETRICH BONHOEFFER

*A menos que estés profundamente reventado, siempre habrá
algo por lo que estar agradecido.*
—SAUL BELLOW

En su retirada en 2022, Mike Krzyzewski de la Universidad Duke estaba en el lugar más alto para ser el entrenador con más victorias en el baloncesto universitario. Sus jugadores habían ganado más de mil doscientos partidos, cinco campeonatos nacionales y docenas de títulos y campeonatos menores. Y yo conozco su secreto.

Antes de su torneo en el año 2015, el entrenador K y sus jugadores y técnicos escribieron en un balón los nombres de personas que les habían ayudado. "Le dijimos al equipo: 'Vamos a tener este balón con nosotros durante este torneo, y nos gustaría que escribieran en el balón los nombres de personas que hayan hecho posible que ustedes estén aquí, personas que signifiquen algo para ustedes'", reveló el entrenador K en una entrevista con el periodista Don Yaeger.

Los jugadores llevaban el balón a todas partes. "Los jugadores comenzaron a llevar con ellos el balón: a las comidas de equipo, en el avión, en los entrenamientos, en el vestuario", dijo. "Algunos de los muchachos incluso dormían con él, lo tenían con ellos en sus habitaciones". Después de que el equipo recibió el premio, todo el que tenía su nombre escrito en el balón recibió una nota que decía: "Gracias. Tú estuviste con nosotros en cada paso del camino".[1]

El balón mantuvo la gratitud en el centro de su juego. Y les dio la vena ganadora. ¿Por qué?

LA VENTAJA DE LA GRATITUD

Por mucho tiempo los investigadores han cuestionado la conexión existente entre gratitud y nuestra capacidad de esforzarnos por metas importantes. Existe una suposición no demostrada, pero ampliamente mantenida, que dice que la gratitud puede dejar a las personas sintiéndose complacientes. *Si tengo suficiente*, dice la idea, *entonces quizá no necesito alcanzar más.* Puedes ver que eso podría ser un asesino de metas. ¿Por qué proponernos metas cuando la vida es buena tal como es? Pero eso no les parecía correcto a los investigadores Robert A. Emmons y Anjali Mishra.

Emmons y Mishra realizaron un estudio comparando esfuerzos por metas agradecidos y no agradecidos. Hicieron que los participantes escribieran un diario, y que también proveyeran una lista de metas que ellos esperaban alcanzar durante un periodo de dos meses. Diez semanas después, Emmons y Mishra hicieron comprobaciones y descubrieron que los participantes agradecidos estaban significativamente más cerca que otros de alcanzar sus metas. La gratitud no nos hace complacientes, dicen Emmons y Mishra; en cambio, "la gratitud mejora el esfuerzo hacia la meta".[2]

Existen varias razones para eso, y todas ellas tienen que ver con la resiliencia. No sé de ti, pero yo nunca he conocido a nadie que gane en muchas cosas por mucho tiempo sin tener resiliencia. Yo denomino estas razones combinadas ventaja de la gratitud, que se aplica no solamente a jugadores de baloncesto sino también a líderes, abogados, emprendedores, padres y madres, pastores, médicos… a cualquiera.

La primera manera en que la gratitud nos hace resilientes es que nos mantiene esperanzados. La gratitud es un juego de contrastes. Nuestras circunstancias se ven de cierta manera; entonces sucede algo para mejorarlas. La gratitud sucede cuando tomamos nota de la distancia existente entre ambas cosas. De repente, tenemos algo por lo que estar agradecidos.

Ese proceso nos enseña algo crítico sobre la vida. Aunque nuestras circunstancias podrían ser malas, también pueden ser mejores; y nuestras historias nos lo demuestran una y otra vez. La gratitud nos mantiene positivos, optimistas, y capaces de seguir regresando en busca de más cuando la vida nos lanza obstáculos al camino. Es un antídoto clave para el tipo de mentalidad de escasez del que hablé anteriormente. Al reconocer la abundancia, expresar gratitud en realidad nos aleja de la escasez y nos acerca más a la mentalidad de abundancia. Menos Charlie y más Amy.

👍 GRATITUD

👉 NOS MANTIENE **ESPERANZADOS**

👉 MEJORA NUESTRA **PACIENCIA**

👉 NOS RECUERDA QUE TENEMOS **INFLUENCIA**

👉 AMPLÍA POSIBLES **RESPUESTAS**

La gratitud tiene muchas virtudes, pero un beneficio que a menudo se pasa por alto es que mejora nuestra resiliencia.

En segundo lugar, la gratitud nos recuerda que tenemos influencia. Como dijimos anteriormente, tenemos la capacidad de actuar y efectuar cambios en nuestras vidas. Piensa en las cuatro propiedades de este poder que identificó Albert Bandura: intención, previsión, acción y autorreflexión.

La gratitud puede desempeñar un papel clave para optimizar cada una, especialmente la autorreflexión.

Debido a que la gratitud implica dar gracias por lo que otros han hecho por nosotros, esto podría parecer contraproducente, pero eso es una ilusión. Ya sabes lo que se dice sobre los regalos que no se abren. Si no utilizamos nuestra influencia para recibir y actuar según lo que otros han hecho por nosotros, no nos habríamos beneficiado.

El entrenador K y sus jugadores nunca había llegado al torneo sin los nombres que había en ese balón, pero aun así tuvieron que hacer los bloqueos, lanzamientos a canasta y agarrar los rebotes. Y debido a lo que ellos ya estaban haciendo con los regalos que otros les habían hecho, sabían que podían seguir bloqueando, lanzando y agarrando rebotes durante todo el camino en los campeonatos.

La gratitud también mejora nuestra paciencia y perseverancia. Muchas veces tomamos el camino fácil porque somos impacientes. Alcanzar grandes metas toma tiempo y esfuerzo. Somos muy dados a hacer recortes o largarnos cuando enfrentamos dificultades. Por fortuna, la gratitud puede mantenernos en el partido.

David DeSteno de la Universidad Northwestern dirigió un estudio en el cual se pedía a los participantes que recordaran un acontecimiento que les hizo sentirse agradecidos, felices o neutrales.[3] Tras escribir al respecto, reportaron su estado de ánimo y tomaron una serie de decisiones financieras. Si querían, podían aceptar una recompensa en metálico al final de la sesión o recibir una cantidad mayor mediante cheque en el correo en una fecha posterior. Las personas agradecidas estaban contentas con esperar la paga más grande. "Como promedio, aumentamos la paciencia financiera de las personas en torno a un 12 por ciento", dice DeSteno. "Imaginemos si pudiéramos incrementar hasta ese punto los ahorros de las personas".[4]

Finalmente, la gratitud amplía nuestras posibles respuestas. La gratitud nos mueve hacia un lugar de abundancia, un lugar donde tenemos más recursos, somos más creativos, generosos, optimistas y amables. Cuando operamos desde un lugar de escasez, tenemos más probabilidad de ser reaccionarios, estrechos de mente, tacaños, malhumorados e incluso mezquinos.

Los investigadores nos dicen que emociones positivas como la gratitud "amplían el repertorio de pensamiento-acción propio, expandiendo el rango de conocimientos y conductas que vienen a nuestra mente. Estas mentalidades ampliadas, a su vez, construyen los recursos físicos, intelectuales y sociales de un individuo".[5] En otras palabras, nos hacen ser más resilientes. Los psicólogos y otros profesionales por lo general se refieren a esto como la "teoría de ampliar y edificar". Pero la mayoría de nosotros sabemos eso por experiencia práctica. Nos sentimos mejor, desempeñamos mejor y respondemos mejor a los altibajos de la vida cuando estamos agradecidos.

"La gratitud ayuda a las personas a ser más orientadas al futuro y exhibir un autocontrol más grande", dice DeSteno citando varios estudios. "Y, a diferencia de la fuerza de voluntad, la gratitud no requiere un gran esfuerzo, parece que las personas disfrutan expresándola".[6] De modo similar, Emmons y Mishra concluyen después de ver varios estudios sobre la gratitud que "la evidencia apoya con fuerza la suposición de que la gratitud aumenta la superación flexible y el crecimiento personal".[7]

El abogado John Kralik provee un cuadro maravilloso de esto. Al término de un año reciente, tenía muchas luchas. Su bufete de abogados no iba bien, se encontraba en medio de un segundo divorcio y vivía en un apartamento muy estrecho. Peor aún, tenía miedo de perder el contacto con su hijo, joven aún.

Mientras daba un paseo por las montañas, Kralik tuvo un momento de descubrimiento. Escuchó el mensaje: "Hasta que aprendas a ser agradecido con lo que tienes, no recibirás las cosas que quieres".[8] Es un descubrimiento sencillo, y francamente no muy extraordinario; pero lo que marcó la diferencia es lo que él hizo después. Ese mismo día decidió escribir una nota de agradecimiento cada día durante el año siguiente.

El efecto sobre su vida fue inmediato. Su perspectiva cambió, y se dio cuenta, al margen de sus bajas circunstancias, de que estaba muy bendecido. Ese cambio de actitud transformó su vida. Mejoró su economía, su bufete de abogados comenzó a prosperar, y terminó el año mucho más saludable y contento. Ese es el poder de tener un corazón agradecido.

LA GRATITUD TIENE

EL POTENCIAL

DE AMPLIAR

TODO LO BUENO

EN NUESTRA VIDA.

DISCIPLINAS DE LA GRATITUD

Independientemente de cuáles sean nuestras circunstancias, todos podemos señalar hacia beneficios, bendiciones y regalos en nuestras vidas. Sí, hay un millón de cosas que no tenemos, pero también hay un millón de cosas que sí tenemos. Cualquiera que sea nuestro pasado, si podemos verlo con los lentes de la gratitud descubriremos que nuestro presente está lleno de mucho más de lo que posiblemente podemos pedir o imaginar. La gratitud tiene el potencial de ampliar todo lo bueno en nuestra vida; es el mejor remedio que conozco para la aflicción del pensamiento de escasez y la mejor manera de cultivar una mentalidad de abundancia.

Cuando pregunté a hombres de negocios exitosos y líderes de pensamiento cómo se preparaban para alcanzar sus metas en el año siguiente, varios me dijeron que la gratitud les daba una ventaja. Algunos mencionaron tener un tiempo especial para reflexionar y expresar gratitud por todo lo positivo que experimentaron.

"Me gusta aprovechar la fiesta de Acción de Gracias para estar agradecido por todas las cosas positivas que sucedieron durante el año anterior, y también evaluar cómo puedo cambiar mi perspectiva sobre las cosas negativas que sucedieron por una perspectiva saludable", me dijo el galardonado creador de postcast Erik Fisher.[9]

Basado en lo que he leído en la investigación y en mi propia experiencia, creo que la gratitud es fundamental para alcanzar nuestras metas. "Si lo hacemos diariamente", me dijo Jon Gordon, autor del libro éxito de ventas *The Energy Bus* (El autobús de energía), "notaremos beneficios increíbles y un importante cambio en la vida".[10]

Para aprovechar la ventaja de la gratitud en mi propia vida, me he beneficiado de adoptar estas tres disciplinas.

1. Comienzo y termino el día con oración. En lugar de poner fin al día con lo que no pude lograr (dormir, logros, o cualquier otra cosa), intento enfocarme en las bendiciones que tengo y expresarlas en oración.

2. Practico la gratitud. Antes de quedar enredado en comparaciones interminables, expreso gratitud por los talentos que tengo. Veo

que la oración antes de las comidas me proporciona varios puntos naturales durante el día para hacerlo.

3. Tengo un diario de gratitud. Escribir un diario es útil para muchas cosas, pero expresar y captar nuestra gratitud es sin duda una de ellas. No solo tengo el beneficio en el momento de enfocarme en lo bueno, sino que también lo anoto para reflexión posterior, para esas veces en que no tengo la sensación de que las cosas vayan tan bien como había esperado.

Jeremy Adam Smith, editor de la revista *Greater Good*, ofrece varias sugerencias específicas que pueden aumentar estas. Él recomienda saborear las experiencias positivas, reconocer el don de otras personas y de nuestra interconexión, ser específicos a la hora de expresar agradecimiento (cuanto más fino sea el detalle, mejor será la evidencia de que te diste cuenta de algo y lo apreciaste) y estar agradecido por cosas que no salen como esperabas o deseabas. Esto último es importante, como dice Smith, porque "puede ayudarnos a convertir un desastre en un peldaño".[11]

Si todo esto te resulta parecido a uno de esos consejos que quizá te daba tu mamá, entonces la sabiduría de tu mamá está alineada con los hallazgos más recientes de científicos sociales, psicólogos y otros; todas las recomendaciones de Smith están basadas en una investigación llevada a cabo y coordinada por el Greater Good Science Center en UC Berkeley.

Dicho eso, ejercicios de gratitud como estos no siempre funcionan para todo el mundo. ¿Y si batallas para encontrar un profundo sentimiento de gratitud? Si es así, no hay nada de malo. Puede ser normal al menos por un par de razones. Una de ellas es que a veces estamos en medio de un momento en que la gratitud es difícil de manejar; digamos cuando hay controversia, enojo o resentimiento. Trabaja primeramente en eso, o encuentra algo fuera de esos sentimientos por lo cual estar agradecido.

La otra razón por la cual nos podría resultar difícil sentir gratitud en nuestra vida es que el asombro y el misterio de todo ello se han vuelto muy comunes. Lo que antes nos deleitaba y sorprendía, más adelante podemos sentirlo como rutinario y predecible.

El psicólogo Timothy D. Wilson lo denomina "la paradoja del placer": experimentamos algo maravilloso e intentamos entenderlo para así poder experimentarlo más a menudo, pero una vez que lo entendemos, eso le quita lo especial a la maravilla. El modo de evitar la paradoja del placer es algo que él denomina "la técnica George Bailey".

En la película *Qué bello es vivir*, George Bailey decide que el mundo estará mejor sin él, pero el ángel Clarence interviene y le muestra una trama alternativa, y resulta que un mundo sin él está mucho peor. Por lo tanto, ¿cómo funciona eso fuera de la pantalla?

"En nuestra investigación, pedimos a las personas que eliminen mentalmente de sus vidas algo que aprecian", dice Wilson. En un estudio, Wilson y sus colegas compararon a personas a quienes se les indicó que imaginaran no conocerse, no tener nunca citas amorosas y casarse con su cónyuge, con quienes recibieron la instrucción de relatar sencillamente cómo se conocieron, fueron novios y se casaron.

"Quienes estaban en la condición de George Bailey… reportaron mayor felicidad con sus relaciones que las personas a quienes se asignó al azar relatar la historia de cómo habían conocido a su cónyuge". La diferencia fue la trama alternativa. Imaginar algo bueno que nunca sucedió "lo hacía parecer sorprendente y especial otra vez, y quizá un poco misterioso", según Wilson.[12]

EL FUTURO ES BRILLANTE

Lo cierto es, como descubrió el abogado John Kralik, que nunca tendrás más de lo que quieres hasta que seas agradecido por lo que tienes. La falta de gratitud crea víctimas instantáneas en nuestra cultura de escasez. Pero dar gracias por la abundancia nos vacuna contra el sentimiento de temor, fracaso y descontento que experimentamos a veces, y en cambio crea un camino hacia el éxito, el gozo y la satisfacción.

No quiero que pienses o que planees tu año desde un lugar de escasez. En cambio, quiero que lo comiences lleno de gratitud. Comencé el Paso 1 con el viejo dicho: "La historia no se repite, pero rima". Cambiar la rima comienza con actualizar nuestras creencias, pasar página con respecto al pasado, y mirar hacia el futuro con un sentimiento de expectativa y la esperanza que proviene de la gratitud profunda.

Para ayudarte con ese proceso, te recomiendo repasar tu Repaso tras la Acción del capítulo 4. Repasa tus respuestas a esas ocho preguntas con las ideas de gratitud obtenidas en este capítulo. Incluso puedes pensar en algunos de los lamentos o arrepentimientos que pueda haber provocado el capítulo 5. La gratitud, como dice Smith, puede ofrecernos un peldaño hacia lo que venga después, sea lo que sea.

Ahora que has hecho eso, estás preparado para diseñar tu futuro.

PLAN DE ACCIÓN

1. REALIZA UN REPASO TRAS LA ACCIÓN

Para realizar un Repaso tras la Acción, trabaja en estas cuatro etapas: primero afirma lo que querías que sucediera; en segundo lugar, reconoce lo que sucedió realmente; en tercer lugar, aprende de la experiencia; y en cuarto lugar, ajusta tu conducta. Es eficaz trabajar en estas tres etapas respondiendo las ocho preguntas siguientes:

1. ¿Cómo vi que fue el año anterior?

2. ¿Cuáles eran mis planes, mis sueños, mis metas concretas, si es que tenía alguna?

3. ¿Qué decepciones o remordimientos experimenté este año pasado?

4. ¿Por qué cosas sentí que debían haberme reconocido pero no lo hicieron?

5. ¿Qué alcancé este año pasado por lo que estuve más orgulloso?

6. ¿Cómo actuaron al final para mi propio bien los acontecimientos del año pasado, buenos y malos?

7. ¿Cuáles fueron dos o tres temas específicos que siguieron sucediendo?

8. ¿Cuáles fueron las principales lecciones de vida que aprendí este año pasado?

2. ENCUENTRA LA OPORTUNIDAD OCULTA EN EL ARREPENTIMIENTO

Regresa a la tercera pregunta anterior: "¿Qué decepciones o remordimientos experimenté este año pasado?". Con frecuencia sentimos el mayor arrepentimiento cuando tenemos la mayor oportunidad para un remedio positivo. Por lo tanto, pregúntate a ti mismo qué oportunidades revelan tus remordimientos.

3. PRUEBA ESTOS EJERCICIOS DE GRATITUD

La gratitud no es solamente un estado de ánimo, es una práctica. Estos tres ejercicios pueden ayudarte a comenzar:

+   Comienza y termina el día con oración.

+   Practica el agradecimiento expresando gratitud por los talentos que tienes.

+   Escribe un diario de gratitud.

Si batallas para avanzar con estas cosas, prueba la técnica George Bailey. Piensa en algo bueno en tu vida, e imagina cómo sería tu vida si eso nunca hubiera sucedido.

DISEÑA TU FUTURO

En 1888, en una visita a las montañas de Asheville, Carolina del Norte, George Washington Vanderbilt II decidió construir una casa. Contrató a dos arquitectos famosos, Richard Morris Hunt y Frederick Law Olmsted, para diseñar la casa y los terrenos. La construcción comenzó al año siguiente y se terminó casi por completo en 1895, cuando la casa, conocida como Biltmore, se abrió por primera vez.

Con casi 17.000 metros cuadrados, Biltmore está considerada la residencia privada más grande de los Estados Unidos, así como una de las más hermosas. Más de un millón de personas hacen fila cada año para ver sus 250 habitaciones, 35 cuartos, 43 baños, 65 chimeneas, una colección de arte de un valor incalculable y una piscina interior.[1] Mientras tanto, a 4.000 kilómetros de distancia en San José, California, la gente hace fila para ver una casa muy diferente.

Sarah Winchester compró una granja de ocho habitaciones en 1884 y comenzó a añadir más. Construyó y construyó y construyó hasta que murió en 1922. Por ese entonces la inconexa estructura había aumentado hasta 160 habitaciones con un laberinto de pasillos y sin un plan maestro discernible. La Winchester Mystery House (Casa misteriosa Winchester) tiene escaleras que no llevan a ninguna parte, puertas que abren a nada, hermosos cristales tintados bloqueados por ladrillos, y al menos una ventana en medio del piso. En 1906, mientras Vanderbilt estaba cautivando a huéspedes de la alta sociedad con su deslumbrante logro, Winchester admitió en una carta: "Parece que esta casa la ha construido una persona loca".[2]

Pero ella no estaba loca. Algunos dicen que Sarah Winchester estaba motivada por el miedo, impulsada por espíritus para no dejar de construir nunca. Otros dicen que era una persona generosa que solo quería tener ocupados a sus trabajadores y empleados. Cualquiera que fuera la motivación, la diferencia clave entre la casa Biltmore y la de Sarah Winchester era el *diseño*. George Vanderbilt comenzó con una visión clara. Sarah no la tenía; o si la tenía, se perdió por el camino. Y eso nos sucede a muchos.

La vida cotidiana consiste en arreglar con mucho arte incontables variables: esperanzas personales, responsabilidades familiares, circunstancias financieras, demandas profesionales y más. Estamos construyendo algo, pero a menudo nos mantenemos alejados en medio de todo ello y no estamos seguros de lo que sucede. Mira el año pasado, y todos podemos encontrar algunas cosas que realmente nos gustaron. Pero la mayoría también encontrará algunas puertas y pasillos que no llevan a ninguna parte. Es como si no estuviéramos seguros de qué es lo que estamos intentando construir.

Los grandes resultados no se producen porque sí. Por lo general, no terminas en un destino que no hubieras escogido antes. En cambio, tienes que ser intencional, forzarte a ti mismo a tener claro lo que quieres y por qué es importante, y después seguir un plan de acción que logre tu objetivo. La casa Winchester Mystery House no tenía un plan, solo el antojo de una heredera con un montón de dinero, y ahora es una curiosidad envuelta en intriga. La casa Biltmore se encuentra en el otro lado del péndulo. Es una hacienda majestuosa construida usando unos planos exhaustivos, y trata de educar al público en general sobre la arquitectura, el arte, el mobiliario, la vestimenta, los jardines y más.

Una casa rebosa de intencionalidad y propósito. La otra es un maravilloso ejemplo de cómo trabajar sin un diseño produce un caos. El Paso 3 de nuestro proceso de alcance de metas está pensado para ayudarte a encontrar la claridad que necesitas para así poder crear la vida que quieres. Y aquí, amigos, es donde se pone divertido.

7

LAS GRANDES METAS MARCAN SIETE CASILLAS

No pienses ni hagas nada sin tener algún objetivo a la vista; la persona que viaja sin dirección se habrá esforzado en vano.
—MARK EL MONJE

La razón por la que la mayoría de las personas nunca alcanzan sus metas es porque no las definen.
—DENIS WAITLEY

En el año 2002, General Motors decidió impulsar su cuota en el mercado automovilístico estadounidense en un 29%, una posición que la compañía no había tenido desde 1999. La compañía estaba obsesionada con la cifra. Ofreció incentivos de compra que parecían una locura, como préstamos a interés cero, para impulsar las ventas. Los ejecutivos incluso comenzaron a llevar marcadores con el número 29 para mantener en un lugar central esa meta. Pero no la alcanzaron. ¿Por qué?

GM culpó a la competencia, especialmente la de Corea del Sur. "Si la competencia hubiera sido un poco más justa, podríamos haberlo hecho", se quejó uno de los ejecutivos.[1] Pero los analistas dijeron que GM se enfocó tanto en la meta, que la compañía recortó su propio negocio para obtenerla. Debido a las decisiones imprudentes que se tomaron en busca de su meta, la empresa terminó en bancarrota varios años después y dependiente de los dólares del rescate federal solamente para sobrevivir.[2]

Y no solo sucede con GM. Otras organizaciones han caído en trampas parecidas. ¿Recuerdas a Enron? Al mirar estas y otras historias, sería fácil llegar a la conclusión de que establecer metas es en cierto modo contraproducente, y quizá también desastroso.[3] Pero esa no es mi postura.

He estado practicando y enseñando el establecer metas por demasiado tiempo. También he visto y experimentado demasiados éxitos. No solo pueden vencerse fácilmente los obstáculos, sino que en realidad podemos trazar nuestras metas desde el principio para evitarlos por completo.

¿Tienes aún tu lista de aspiraciones en la que trabajaste al principio del libro? En este capítulo transformaremos esas aspiraciones, resoluciones y sueños en metas potentes, atractivas y por escrito que marcan siete casillas clave. Pero antes de desarrollar esta estructura, quiero hablar de por qué deberíamos molestarnos en escribir nuestras metas. Ya que las metas escritas son el fundamento sobre el cual edificas tu mejor año, merecen cierta explicación.

LA IMPORTANCIA DE LAS METAS ESCRITAS

Hay un estudio de la Ivy League que se cita muchas veces y que supuestamente muestra que escribir metas nos ayuda a alcanzarlas. El problema es que es falso. Y cuando la gente lo descubre, a veces piensa que los beneficios de escribir nuestras metas también son falsos.[4] Pero no.

La profesora Gail Matthews de la Universidad Dominicana de California realizó su propio estudio no hace mucho tiempo y confirmó el poder de escribir nuestras metas. Ella reclutó a 267 emprendedores, ejecutivos, artistas, profesionales del cuidado de la salud, educadores, abogados, y otros profesionales de varios países distintos. Los dividió en cinco grupos y les hizo un seguimiento durante varias semanas. Matthews descubrió, entre otras cosas, que el mero acto de escribir las metas impulsaba el logro en un 42 por ciento.[5] Esto se une a mi propia experiencia y la de personas de las que soy coach.

Poner por escrito tus metas es fundamental para el éxito debido al menos a cinco razones. En primer lugar, *te obliga a aclarar lo que quieres.* Imagina planear un viaje sin ningún destino particular en mente. ¿Cómo haces las maletas? ¿Qué carreteras sigues? ¿Cómo sabes cuándo has llegado? En cambio, comienzas escogiendo un destino. La claridad es una condición previa para escribir (pregunta a cualquier escritor que sufre bloqueo; no puede escribir porque no está seguro de lo que intenta decir).

En segundo lugar, *escribir las metas te ayuda a vencer la resistencia.* Cuando nos tomamos la molestia de formular y anotar nuestras metas, estamos haciendo algo más que soñar. También estamos haciendo que nuestro intelecto participe; estamos procesando, comprobando, analizando y usando nuestro sentido de voluntad y de control. En un estudio publicado por el *Journal of Happiness Studies*, los investigadores notaron que crear listas de quehaceres, crear horarios, escribir diarios de gratitud y anotar pensamientos sobre el día dejan a las personas con un sentimiento de claridad y recursos, y listos para enfrentar los desafíos de la vida.[6]

Toda intención significativa, sueño o meta encuentra resistencia. Desde el momento en que estableces una meta, comenzarás a sentirla, pero esta participación emocional e intelectual nos ayuda a identificarnos profundamente con nuestras metas y forja resolución en torno a nuestros deseos. Me enfocaré en esto más adelante en el Paso 4.

En tercer lugar, *te motiva a emprender la acción.* Escribir tus metas es solamente el principio. Expresar tu intención es importante, pero no es suficiente; debes ejecutar tus metas y emprender la acción. He descubierto que escribir mis metas y repasarlas regularmente me impulsa a emprender la acción siguiente más importante.

En cuarto lugar, *filtra otras oportunidades.* Mientras más exitoso llegues a ser, más inundado de oportunidades estarás. De hecho, estas nuevas oportunidades pueden volverse fácilmente distracciones que te desvían del rumbo. El único antídoto que conozco es mantener una lista de metas escritas mediante la cual evaluar estas nuevas oportunidades. Establecer

ESCRIBIR METAS

TE AYUDA A VENCER

LA RESISTENCIA.

tus prioridades desde el principio te equipa para evitar intencionalmente lo que algunos llaman "síndrome del objeto brillante".

En quinto lugar, *te permite ver, y celebrar, tu progreso*. Es particularmente difícil cuando no estás viendo progreso. Tienes la sensación de que te estás matando a trabajar y no vas a ninguna parte. Pero las metas escritas pueden servir como los hitos en una autopista. Te permiten ver hasta dónde has llegado y lo que te queda aún por recorrer. También proveen una oportunidad para la celebración cuando las alcanzas. Hablaré de las razones 3-5 más adelante en el Paso 5.

METAS SMARTER

☑ **ESPECÍFICAS**

☑ **MEDIBLES**

☑ **FACTIBLES**

☑ **ARRIESGADAS**

☑ **LIMITADAS EN EL TIEMPO**

☑ **EMOCIONANTES**

☑ **RELEVANTES**

Podemos hacer que nuestras metas sean más alcanzables asegurándonos de que marcan las casillas correctas. Escribe metas que sean específicas, medibles, factibles, arriesgadas, limitadas en el tiempo, emocionantes y relevantes.

Pero para sacar el máximo partido a tus metas escritas, como dije antes, necesitas formularlas para marcar ciertas casillas, y es ahí donde interviene mi marco de siete partes. Probablemente hayas oído de las metas SMART. Tienen cinco atributos distintos, uno para cada letra del acrónimo SMART (eSpecífica, Medible, fActible, Realista y limitada en el Tiempo). Mi coautor Daniel Harkavy y yo utilizamos este acrónimo en nuestro libro *Planifica tu Futuro*. General Electric fue pionero de este enfoque a principios de la década de 1980.[7]

Otros han modificado y ampliado el marco SMART con los años, incluido yo. Los cambios que he hecho al sistema están basados en perspectivas obtenidas de la mejor investigación disponible sobre logro de metas y están pensados para impulsar resultados. Profundicemos ahora en los siete atributos de mi sistema de metas SMARTER®.

ATRIBUTO 1: ESPECÍFICAS

El primer atributo de las metas SMARTER es que son específicas. Enfoque es poder. Puedes sacar la misma cantidad de agua mediante dos tuberías y crear una fuerza mayor en una de ellas solo reduciendo su diámetro. Es parecido a lo que sucede cuando estrechamos nuestras metas. Lo que muestran los estudios es que mientras más difícil y más concreta sea la meta, más probabilidad tenemos de hacer participar nuestro enfoque, creatividad, intelecto y persistencia.

Las metas específicas "dirigen la atención y la planificación estratégica", y también "le indican a quien intenta alcanzarlas dónde concentrarse y qué hacer concretamente".[8] Las metas difusas no nos inspiran realmente; y es difícil saber dónde poner el esfuerzo y la creatividad que estemos dispuestos a invertir. Las metas concretas crean un canal para nuestras habilidades de resolución de problemas, nuestro esfuerzo, y otras cosas.[9]

Como humanos, siempre estamos imaginando cómo podría resultar el futuro: cómo nos gustaría que fuera. Un grupo de investigadores indagaron en este fenómeno, llamado "teoría de la realización de la fantasía". Cuando nuestras fantasías sobre el futuro se curten y convierten en una firme resolución de hacer un cambio, es cuando tenemos un fuerte compromiso para alcanzar nuestras metas. Sin embargo, fantasear sobre el futuro sin tener un firme compromiso con una meta por lo general mantiene a la gente atascada. En esos casos, sabemos lo que nos gustaría que sucediera, pero nunca desarrollamos un impulso fuerte para pasar a la acción. Lo peor de todo es cuando entramos en lo que los investigadores denominan "meras reflexiones sobre una realidad negativa". Es cuando entendemos el problema pero ni siquiera somos capaces de imaginarnos una solución. Regresamos a Charlie y la mentalidad de escasez, y el resultado es la ansiedad, el pesimismo y el temor.[10]

Lo que esta investigación nos dice es que nuestras esperanzas y sueños son esenciales para alcanzar metas, pero solo cuando las unimos a una fuerte motivación para crear una solución específica. Las aspiraciones por sí mismas no son suficientes. Tenemos que convertir las altas expectativas en metas específicas.

En un estudio de la Universidad Duke de hace unos años, los investigadores descubrieron que las personas con metas más específicas obtenían más ímpetu y crecían en motivación mientras progresaban, mientras que las personas con metas menos específicas tenían la tendencia opuesta. Perdieron fuerza por el camino y dijeron que sufrieron una pérdida de motivación, incluso cuando conseguían algo de progreso.[11] Tener metas más específicas es más importante de lo que creemos. Conduce a una mejor ejecución y a un impulso sostenido.

Para formular una meta SMARTER tienes que identificar exactamente lo que quieres lograr. Por ejemplo, yo podría decir "escribir un libro", pero eso es demasiado impreciso. ¿Cuál es el libro concreto que quieres escribir? En mi caso sería mejor escribir algo como esto: "Terminar de escribir *Time Rules* (Reglas del tiempo), el título del próximo libro que estoy escribiendo junto a mi hija Megan. Este es otro ejemplo: "Aprender fotografía". ¿Es eso concreto? No. ¿Qué aspecto de la fotografía quieres aprender? Una meta mejor sería: "Terminar el curso de Fotografía 101 de Lynda.com". Eso es específico.

ATRIBUTO 2: MEDIBLES

El segundo atributo de las metas SMARTER es que son medibles. En otras palabras, tienen un criterio incorporado con el que puedes medirte. Esto es importante por dos razones.

La primera es la más obvia. ¿Cómo sabes que has alcanzado la meta? No es muy útil o inspirador decir que quieres ganar más dinero este año que el anterior. ¿Cuánto más? Hay una gran diferencia entre un pequeño aumento del costo de la vida y subir tus comisiones hasta el 30 por ciento.

Lo mismo se aplica a ponerte en forma. Decir que quieres hacer ejercicio más a menudo no resulta muy útil. No es objetivo. Decir que planeas ir al gimnasio cuatro días por semana es diferente. Cuando la meta es medible, conocemos el criterio para el éxito.

La segunda razón es que necesitas ser capaz de medirte tú mismo con la meta. Una meta objetiva te permite establecer marcadores e hitos a lo largo del camino. Eso significa que puedes trazar tu progreso, y la mitad de la diversión de las metas está en el progreso que hacemos. De hecho, "experimentamos la respuesta emocional más positiva cuando hacemos progreso en nuestras metas más difíciles", según el profesor de psicología Timothy A. Pychyl.[12] Esto es especialmente cierto cuando progresamos más rápido de lo que anticipábamos.[13]

Por supuesto, medir nuestro progreso podría también revelar que estamos bajando. Pero eso en verdad también es algo positivo, porque la brecha puede hacer que la atención y la acción sean renovadas. Recibir una crítica como parte de medir nuestra meta, como dice un psicólogo, "provee el golpe emocional que baña continuamente el proceso de fijar las metas dentro de las experiencias emocionales de la satisfacción sentida y la insatisfacción sentida".[14] O nos va bien o no, pero nunca lo sabremos si la meta no es medible, en primer lugar.

ATRIBUTO 3: FACTIBLES

El tercer atributo de las metas SMARTER es que son factibles. Las metas hablan fundamentalmente de lo que vas a hacer. Como resultado, es esencial tener clara la acción principal a la hora de formular tus metas.

Si nos importan nuestras metas y queremos asegurarnos de que produzcan resultados, tenemos que asegurarnos de tener clara la acción que vamos a realizar. Como dice John Doerr: "Así que estás apasionado; ¿cuán apasionado? ¿Qué acciones te conduce a realizar tu pasión?".[15]

¿Cómo conseguimos exactamente este tipo de claridad a la hora de formular una meta específica? Puede parecer simplista, pero creo que es mejor utilizar un verbo fuerte para impulsar la acción que quieres llevar a cabo. No querrás algo como *estar*, *ser* o *tener*. Querrás un verbo como *correr*, *terminar* o *eliminar*.

Un par de ejemplos: "Ser más regular en escribir". ¿Es eso factible? No. Es un verbo de estado de ser. Pero algo como "Escribir dos artículos por semana" o "escribir 500 palabras al día", es factible. Comienza con el verbo *escribir*, y es claro y directo con respecto a la acción. Este es otro ejemplo: "Ser más consciente de mi salud". ¿Es eso factible? En realidad no. En cambio, podrías decir algo como: "Caminar durante treinta minutos cinco veces por semana". Mucho mejor. Especificar la acción deseada te provee una dirección inmediata hacia el resultado, cifrado en el lenguaje de la meta misma.

ATRIBUTO 4: ARRIESGADAS

El cuarto atributo de las metas SMARTER es que son un poco arriesgadas. Escucha. Normalmente hablamos sobre establecer metas que sean realistas, y a eso se refiere por lo general la letra R en SMART. Pero si comenzamos preguntando qué es realista, probablemente pondremos el estándar demasiado bajo.

Cuando el alumno James, de Tu Mejor Año, descubrió nuestro intensivo de cinco días, ganaba un salario de seis dígitos, pero no estaba satisfecho en el trabajo. Se sentía poco reconocido por su aportación y ya no conectaba con la misión de la organización. Sabía que necesitaba un cambio. Una respuesta habría sido establecer una meta segura, como abordar sus problemas con su jefe; pero James no hizo eso. "Dije ya basta", recordaba. "Literalmente acudí a quien era mi jefe en ese momento y le dije: ¿Sabes qué? Elimina mi salario de jornada completa'". Después de eso, estableció la meta de comenzar su propia firma. James tenía esposa y dos hijos menores de cinco años, pero tenía confianza en sí mismo para poder salir adelante con su propio negocio; y lo hizo. Incluso pagó treinta mil dólares de deuda que reunió cuando dejó su empleo.

El riesgo produjo los resultados. Si James hubiera seguido la ruta segura, probablemente habría logrado mucho menos. ¿Por qué? "Existe una relación lineal entre el grado de dificultad de la meta y el desempeño", como dicen los teóricos Edwin A. Locke y Gary P. Latham. Al ver los resultados de casi 400 estudios, concluyeron: "El desempeño de los participantes con metas más elevadas fue más de un 250% mayor que el de quienes tenían metas más fáciles".[16] Nos elevamos a la altura de un reto, pero nos relajamos cuando es fácil.

Aun así, las metas seguras son una tentación constante para nosotros. El psicólogo Daniel Kahneman ha realizado una investigación pionera sobre la aversión al riesgo. "Somos impulsados con más fuerza a evitar las pérdidas que a lograr beneficios", dice. "La aversión al fracaso de no alcanzar la meta es mucho más fuerte que el deseo de alcanzarla".[17] Para algunos ese prejuicio es más fuerte que para otros, y tiene ventajas tremendas; por ejemplo, nos mantiene alejados de los problemas. Pero puede servirnos mal cuando fijamos metas, especialmente si no somos conscientes de su efecto sobre nosotros. Debido a que el fracaso se siente como una pérdida, somos tentados a fijar metas pequeñas que podemos alcanzar fácilmente en nombre de ser "realistas". También es probable que nos relajemos una vez alcanzadas esas pequeñas metas.

No estoy diciendo que todo el mundo debería dejar su empleo o quemar los barcos. Pero al enfocarnos en lo que es supuestamente realista, podemos inconscientemente desencadenar nuestro impulso natural de evitar la pérdida y terminamos alcanzando menos de lo que de otro modo podríamos haber logrado. No estoy diciendo que deberíamos establecer metas que son una locura. Lo que digo es que deberíamos fijar metas que nos estiren y nos desafíen. Hablaré más sobre esto en el siguiente capítulo.

ATRIBUTO 5: LIMITADAS EN EL TIEMPO

El quinto atributo de las metas SMARTER es que son limitadas en el tiempo. Esto podría significar una fecha límite, frecuencia, o un desencadenante de tiempo.

Por ejemplo, si yo tuviera solamente la meta: "Leer más", carece de un sentimiento de urgencia. Podría suceder a lo largo de los diez próximos años, o podría suceder en los próximos veinte años. Incluso si supongo que es una resolución de Año Nuevo y significa en algún momento *este año*, sigue siendo imprecisa. Puedo posponerla y dejar de pensar en ella. Pero cuando digo que quiero leer dos libros cada mes, no solo he creado un reto, sino también enfoque. Las fechas límite demandan atención y fomentan la acción. Será mejor que me ponga en movimiento porque el reloj avanza.

Este es otro ejemplo: "Adquirir cinco nuevos clientes de diseño". ¿Para cuándo? "Adquirir cinco nuevos clientes de diseño para el 31 de diciembre". Eso es mejor. Pero esta es una advertencia: cuando pienses en asignar fechas límite, no las pongas todas ellas el 31 de diciembre.

Las fechas límite distantes desalientan la acción. Pensarás: *Tengo mucho tiempo. No llegará hasta dentro de diez o doce meses*. El esfuerzo se disipa para llenar tiempo; pero también es cierto lo contrario. Los horizontes breves en el tiempo concentran nuestro esfuerzo. Los psicólogos llaman a esto el "efecto de la meta que parece más grande". Mientras más estrecha sea la línea de tiempo límite, más enfocados y productivos podemos ser.[18] Un estudio de Locke y Latham descubrió que los trabajadores en un experimento de campo eran capaces de mantener la producción en un 100 por ciento incluso cuando su tiempo era recortado en un 40 por ciento.[19]

La nueva fecha límite creó beneficios inmensos en la productividad; y nosotros podemos experimentar el mismo tipo de beneficios en nuestra vida personal y privada cuando fijamos metas cercanas en el tiempo, dejando más margen para otras empresas. Lo principal a observar es nuestro ancho de banda. Recomiendo establecer ocho metas por año, pero solamente dos o tres fechas límite importantes por trimestre. Con cualquier cosa más que eso, tu enfoque sufrirá junto con tus resultados.

Las fechas límite son esenciales para alcanzar metas, pero ¿qué de las metas en cuanto a hábitos? Explicaré más sobre las diferencias entre estos dos tipos de metas en el capítulo 9, pero por ahora podemos enfocarnos en diferentes tipos de momentos clave. Las fechas límite no tienen sentido con las actividades continuadas, pero las fechas límite no son la única manera de asignar actividad al tiempo. Si utilizamos declaraciones de frecuencia, fechas de inicio, desencadenantes de tiempo u objetivos de continuidad, en realidad podemos avivar los hábitos que queremos cultivar.

Decir "hacer más ejercicio este año" es una receta para la inacción. Pero decir "correr durante treinta minutos en el parque cada día a las 7:00 de la mañana, empezando el 15 de enero y durante noventa días" te prepara para ser ganador. No solo dice qué tipo de ejercicio y dónde vas a hacerlo, no solo dice durante cuánto tiempo, también nos dice exactamente cuándo vas a hacerlo, cuándo vas a empezar y cuánto tiempo pasará hasta que consideres que el hábito se ha asentado totalmente.

Las claves de tiempo para las metas de hábitos crean indicaciones externas que desencadenan la acción; y funcionan. Después de hablar a los participantes en un estudio sobre los peligros de las enfermedades cardiacas, investigadores en el Reino Unido recomendaron el ejercicio como manera de prevenirlas. Por sí solos, los participantes tenían intención de hacer ejercicio, pero por lo general se olvidaban. Tuvieron menos del 40 por ciento de tasa de éxito. Lo entiendo. La vida está llena de ocupaciones. Pero a algunos se les pidió que incorporaran un desencadenante de tiempo en su meta. Su tasa de éxito fue mejor del 90 por ciento.[20] El desencadenante del tiempo ayudó a impulsar la conducta que querían ver. Te mostraré cómo puedes aprovechar desencadenantes de activación como esos en el Paso 5.

ATRIBUTO 6: EMOCIONANTES

El sexto atributo de las metas SMARTER es que son emocionantes. En otras palabras, te inspiran. Los investigadores dicen que tenemos una mejor posibilidad de alcanzar nuestras metas si estamos motivados interiormente para hacerlo. Las motivaciones externas podrían funcionar durante un tiempo, pero si no estamos consiguiendo algo intrínseco de la meta, perderemos el interés.

Ese fue un reto que experimentó James con su anterior empleo. Otros establecían las metas que él perseguía. "Ese era un gran problema para mí", dijo. "Estaba tan atrapado en que todos los demás diseñaran metas para mí que nunca tomaba el tiempo para diseñarlas yo mismo". Fue un punto de inflexión para él cuando finalmente decidió tomar su destino en sus propias manos. "La mayor diferencia para mí es que ya no eran metas abrumadoras. Eran metas inspiradoras. Cuando estoy inspirado, quiero avanzar". El cambio se redujo a una sola cosa: él estableció personalmente metas que lo emocionaban.

Otra estudiante de Tu Mejor Año batallaba con una meta que ella misma estableció de tener al día su contabilidad en su pequeño negocio. ¿Importante? Sí. ¿Inspirador? No para ella. Como resultado, batallaba para mantener el impulso. A todos nos sucede.

Ayelet Fishback y Kaitlin Wooley de la Facultad de Negocios Booth de la Universidad de Chicago investigaron las resoluciones de Año Nuevo. Primero pidieron a las personas que evaluaran cuánto disfrutaban de las resoluciones que habían establecido, y luego hicieron un seguimiento un par de meses después. El disfrute resultó ser un indicador clave del éxito. Pero como reportó Alice G. Walton en el *Chicago Booth Review*: "No es así como normalmente las personas escogen sus metas; escogen las que sienten que son importantes. Fishbach dice que está bien establecer metas que sentimos importantes, pero no comprometas el factor de lo agradables que puedan ser. 'No escojas una resolución de Año Nuevo que no te guste hacer'. Te estarás preparando para el fracaso". En lugar de eso, dice Walton: "Conecta con tu motivación intrínseca".[21]

Sigue adelante con lo que te emocione. Si ves que tus metas no son atractivas personalmente, no tendrás la motivación para seguir adelante cuando las cosas se pongan difíciles o tediosas. Es aquí donde tienes que ser sincero contigo mismo. Hazte la pregunta: *¿Me inspira esta meta?*, o *¿conecta con mi corazón? ¿Estoy dispuesto a trabajar duro para hacer que suceda?* Incluso podrías preguntarte si te resulta divertida. Por lo general, yo hago eso con algunas de mis metas cada año. Todas estas preguntas llegan a algo de lo que hablaremos en el paso siguiente: encontrar tu porqué. Recuerda que estamos estableciendo metas arriesgadas. Vamos a ser tentados a rendirnos en algún momento. Solamente una meta emocionante puede tener acceso a la motivación interior que necesitas para mantenerte en el camino y alcanzar tu meta. Veremos más sobre esto en el paso 4.

ATRIBUTO 7: RELEVANTES

Eso nos lleva al atributo séptimo y último de las metas SMARTER. Las metas efectivas son relevantes para tu vida. Esto se trata de estar en consonancia, y está al final de la lista porque es una buena manera de que estén de acuerdo con tus deseos antes de comprometerte a ellas. Sinceramente, este es el área principal donde GM se equivocó. Pero todos podemos tropezar en este punto si no tenemos cuidado.

Si queremos tener éxito, necesitamos metas que estén en consonancia con las demandas y necesidades legítimas de nuestras vidas. ¿Eres un padre o madre trabajador que tienen niños pequeños? Tu meta se verá muy distinta a la de quien tiene un nido vacío o la de un estudiante. Dependiendo de tus circunstancias, estudiar medicina podría no estar en las posibilidades en este momento. Realizar un nuevo pasatiempo el fin de semana podría poner una presión no bienvenida sobre tu familia. Necesitas establecer metas que sean relevantes para tus actuales circunstancias y verdaderos intereses.

LAS NUEVAS METAS DEBERÍAN ESTAR EN CONSONANCIA CON TU

TEMPORADA EN LA VIDA   VALORES   OTRAS METAS

Cuando una meta es relevante para nuestra temporada en la vida, nuestros valores personales y nuestras otras metas, mejoramos nuestras probabilidades de éxito.

También necesitas metas que estén en consonancia con tus valores. Esto debería ser obvio, pero algunas veces sentimos presión exterior para establecer metas que van en contra de lo más profundo de nuestro ser. La presión podría ser social, profesional, o de algún otro tipo; pero necesitas resistir la tentación de dirigir tu desempeño hacia otros, especialmente si algo va de alguna manera en contra de tus valores.

Finalmente, necesitas metas que estén en consonancia entre ellas mismas. Deben tener armonía en conjunto. Establecer múltiples metas que están en conflicto solamente crea aflicción y frustración. Si trabajamos contra nosotros mismos, experimentaremos más sufrimiento que progreso. Eso se aplica a establecer demasiadas metas en general.

Al comienzo de sus memorias *The To-Do List* (La lista de quehaceres), el periodista Mike Gayle tiene un momento de reflexión. Cumple treinta y seis años, y está inundado por todas las cosas que aún tiene que lograr en su vida. Por lo tanto, establece algunas metas: 1.277 para ser exactos. De esa lista alcanzó 1.269, pero la comedia de la historia es la locura que debe soportar su esposa en el proceso.[22] Por lo que a mí respecta, leer una comedia es mucho mejor que vivirla.

En cambio, te recomiendo que te limites a ocho metas al año que estén en consonancia con tu vida, tus valores y tus ambiciones; de esa forma podrás perseguir dos por trimestre, o deshacerte de algunas de ellas mientras trabajas en una gran meta que te exija más de un trimestre.

TUS PROPIAS METAS

Para resumir, las metas SMARTER son específicas, medibles, factibles, arriesgadas, limitadas en el tiempo, emocionantes y relevantes. Y ahora estás listo para comenzar a diseñar algunas de tus propias metas. ¿Cómo comienzas? Te recomiendo que comiences sacando tu lista de aspiraciones y tu evaluación PuntuacióndeVida. Tu PuntuacióndeVida te ayudará a crear un conjunto de metas que estén en consonancia con tu propio camino de crecimiento personal.

Evita establecer más de ocho metas. Con cualquier cosa más que eso diluirás tus esfuerzos y sufrirás distracción. Con cualquier cosa menos que eso quizá podrías no estirarte lo suficiente. También recomiendo establecer algunas por trimestre, de modo que puedas espaciar tu esfuerzo más o menos regularmente a lo largo del año.

Como he mencionado anteriormente, querrás incluir metas en los diferentes dominios de vida. Veo que las personas están acostumbradas a establecer metas relacionadas con la carrera profesional, pero en raras ocasiones establecen metas en otras áreas de su vida. Como resultado, sufren esos otros dominios, a veces de manera catastrófica. Para hacer arrancar tu pensamiento, he proporcionado tres ejemplos a continuación de cada uno de los nueve dominios principales de la vida:

CUERPO	MENTE	ESPÍRITU
• Sustituye cada día el almuerzo de comida rápida por alimentos saludables que llevas de casa. • Corre 30 minutos cada día, 4 días por semana a las 6:30 de la mañana. • Escoge una hora regular para irte a la cama y duerme 8 horas cada noche durante los 90 días siguientes, comenzando el 1 de enero.	• Lee 2 libros cada mes, comenzando en enero. • Elige 2 conferencias a las que asistir, y regístrate hasta el 15 de febrero. • Busca clases para aprender un idioma extranjero y aprende inglés para el 1 de marzo.	• Aparta 15 minutos en la mañana, 6 días por semana, para leer y orar, comenzando el día 1 de enero. • Escribe un diario al menos 5 minutos al final de cada día. • Busca un consejero y empieza a tener sesiones regulares cada mes a partir del 1 de marzo.
AMOR	**FAMILIA**	**COMUNIDAD**
• Crea un perfil de cita en la noche en Netflix e identifica 20 películas para una cita semanal comenzando en mayo. • Planea 2 citas regulares cada mes e inclúyelas en el calendario para el 15 de enero. • Escoge 3 recados o tareas que tu cónyuge hace regularmente y que no le gustan. Haz una cada día por él/ella, comenzando el 1 de abril.	• Sal de la oficina a las 5:00 de la tarde para tener tiempo suficiente para cenar y jugar con los niños, comenzando en enero. • Haz que los niños piensen en 25 comidas. Cocina al menos una cada fin de semana comenzando en febrero. • Aparta 7 días de vacaciones para pasarlos con la familia en su ubicación favorita. Prográmalo para el 15 de marzo.	• Únete a un club deportivo para conocer personas nuevas, para el 1 de febrero. • Trabaja como voluntario para Hábitat para la Humanidad en un edificio local para el 1 de julio. • Trabaja como voluntario para City Mission, comenzando en marzo.

DINERO	TRABAJO	PASATIEMPOS
• Paga por completo el resto de un préstamo para vehículos en la cantidad de 8.000 dólares para el 25 de agosto.	• Lanza un producto nuevo para el 30 marzo.	• Apúntate a una clase de pintura durante 12 semanas, comenzando el 1 de abril.
• Reduce las salidas para comer fuera a 1 comida cada semana comenzando el 1 de enero.	• Aumenta 5.000 suscriptores por correo electrónico para el 15 junio.	• Visita 2 restaurantes nuevos cada mes durante el resto del año. Haz una lista para el 30 enero.
• Paga 5.000 dólares de deuda de tarjetas de crédito para el 1 de mayo.	• Deja tu empleo y lanza un nuevo negocio para el 1 de octubre.	• Investiga 12 de las mejores películas de comedia jamás filmadas y mira 1 cada vez comenzando en enero.

Observarás que algunas de estas metas son logros y otras son hábitos. En el capítulo 9 te indicaré cómo hacer uso de las diferencias entre los dos tipos de metas.

Para ayudarte con tus propias metas he incluido también al final del libro una serie de esquemas de establecimiento de metas con espacios en blanco para llenar. Estos esquemas asegurarán que marques las siete casillas del sistema SMARTER. Diseñé esos esquemas para mi agenda *Full Focus* para ayudar a integrar varios aspectos clave del logro de metas para que puedas experimentar tu mejor año.

EN SERIO, EL RIESGO ES TU AMIGO

Las personas no presumen de haber subido una montañita de
hierba. Presumen de subir al Everest.
—PENN JILLETTTE

La zona de comodidad es un lugar bonito,
pero ahí no crece nada.
—CAROLINE CUMMINGS

La mayoría de nosotros hemos escuchado la popular historia de la primera maratón. Cuando los atenienses vencieron a los invasores persas en la batalla de Maratón en el año 490 a. C., un mensajero corrió 26 millas (42 kilómetros) para dar la emocionante noticia. Pero en su libro *The Road to Sparta* (El camino a Esparta), el corredor de larga distancia Dean Karnazes comparte la historia real, y es mucho más cautivadora. El corredor, cuyo nombre era Feidípides, en realidad corrió más de 150 millas (240 kilómetros) desde Atenas hasta Esparta, y después de regreso, antes de la batalla.

Y Karnazes dice que el mismo corredor podría haber corrido el tramo final después de la victoria en Maratón, ¡sumando un total de más de 325 millas (523 kilómetros)!

Eso podría parecer exagerado, pero Karnazes relata entonces la historia de un comandante de las Fuerzas Aéreas Británicas llamado John Foden. En 1982 dirigió a un pequeño grupo que corrió la distancia desde Atenas hasta Esparta en menos de treinta y cinco horas. Un año después, Foden fue el cofundador de una carrera de 153 millas (246 kilómetros) que seguía sus pasos. Se llama la Espartatlón.

Karnazes la corrió en el año 2014. Como corredor de larga distancia, ya había corrido 350 millas (563 kilómetros) sin detenerse. Pero la Espartatlón tenía sus propios retos monumentales, incluida la determinación de Karnazes de correr la distancia solamente con los alimentos que habría comido Feidípides: aceitunas, higos y carnes curadas.[1]

¿Por qué estaría dispuesta una persona a pasar por algo así? "La cultura occidental tiene las cosas en estos momentos un poco distorsionadas", dijo Karnazes en una ocasión a la revista *Outside*. "Creemos que si tuviéramos todas las comodidades a nuestra disposición, seríamos felices. Equiparamos comodidad con felicidad; y ahora estamos tan cómodos que nos sentimos infelices. No hay batalla alguna en nuestras vidas. Ningún sentimiento de aventura".[2] Esa observación se aplica a todos los aspectos de la vida, especialmente a nuestras metas. Cuando se trata de logro significativo, comodidad se equipara a aburrimiento y poca participación.

Cuando escuché por primera vez sobre Karnazes hace varios años, me sentí tan inspirado que hice el compromiso de correr mi primera media maratón. Desde entonces he corrido varias, aunque nunca es fácil. Y eso es bueno.

Tú y yo deberíamos aceptar la incomodidad debido al menos a tres razones, ya sea que la escojamos deliberadamente o simplemente nos suceda. En primer lugar, la comodidad está sobrevalorada. No conduce a la felicidad; con frecuencia conduce al ensimismamiento y al descontento. En segundo lugar, la incomodidad es un catalizador para el crecimiento. Nos hace desear algo más, y nos fuerza a cambiar, estirarnos y adaptarnos. En tercer lugar, la incomodidad es una señal de progreso. Cuando nos

CUANDO SE TRATA DEL

LOGRO SIGNIFICATIVO,

COMODIDAD SE

EQUIPARA A

ABURRIMIENTO Y

BAJA PARTICIPACIÓN.

forzamos a nosotros mismos a crecer, experimentaremos incomodidad, pero hay beneficio en el dolor.

Participación personal, satisfacción y felicidad llegan cuando nos dirigimos hacia metas significativas y arriesgadas. Quizá sea lanzar un nuevo producto, volver a estudiar en la universidad, o reavivar una relación tensa. Si soñar con una meta así de grande te hace sentir incómodo, estás en el camino correcto.

¿Cómo puedes confirmar que te diriges hacia la dirección correcta? Me gusta descubrir dónde se relacionan las metas de alguien con tres zonas concretas. Utilizo esta misma técnica cuando evalúo mis propias metas. Las tres zonas son la zona de comodidad, la zona de incomodidad, y la zona delirante.

Antes de abordar las tres zonas, quiero disipar un mito sobre las metas y el riesgo. Como mencioné, GM no es el único grupo que tuvo problemas con las metas miopes. El peor desastre en el Monte Everest sucedió mucho después de que Edmund Hillary y Tenzing Norgay llegaran a la cima. En 1926 una tormenta se llevó las vidas de ocho escaladores. Enfocándose en la mete miope, y fatal, de los escaladores y sus guías, los críticos de poner metas se enfocaron en el desastre como evidencia de que las metas también pueden hacer más mal que bien.[3] Pueden, pero como hemos visto, también podemos vencer estos problemas estableciendo adecuadamente nuestras metas con las siete características SMARTER en mente.

Fijar metas es algo que se ha estudiado durante décadas, y los resultados para mejorar el desempeño son abrumadoramente positivos. "Se han realizado más de mil experimentos académicos de establecimiento de metas en los que más del 90 por ciento han producido resultados positivos", reporta el *Economist*, citando datos del pionero en investigación de metas Gary Latham.[4] Los críticos de las metas lanzan serias advertencias, y deberíamos considerar sus observaciones para actuar con sabiduría. Pero también deberíamos actuar con confianza a medida que estamos a la altura del desafío de nuestras metas ambiciosas.

LA ZONA DE COMODIDAD

Todos tenemos sueños de un futuro mejor. Fijamos metas para mejorar nuestra salud, nuestra familia y nuestras amistades, nuestras finanzas, nuestras vidas laborales, y otras cosas. Cuando comenzamos a soñar con el futuro, sin embargo, nuestras aspiraciones podemos sentirlas demasiado frágiles y demasiado lejanas. Nos adelantamos a nosotros mismos y comenzamos a preocuparnos acerca de cómo vamos a alcanzar esas metas. Entonces, debido a que permitimos que el *cómo* sobrepase al *qué*, rebajamos nuestra aspiración. No vemos cómo podemos lograr más, de modo que ahogamos nuestra visión, convencidos de que nuestras metas deben ser "razonables" o "realistas". Apuntamos bajo; nos conformamos con menos. Y lo que esperamos se convierte en nuestra nueva realidad.

Pero la vieja frase es cierta. Quien no se aventura a nada, nada gana. El arquitecto de Chicago Daniel Burnham lo expresó de este modo en 1907: "No hagas planes pequeños. No tienen ninguna magia para avivar la sangre de los hombres y probablemente nunca se cumplirán. Haz grandes planes, apunta alto con esperanza y trabajo".[5] La ciencia lo respalda. Como hemos discutido antes, los investigadores sobre metas han documentado una relación fuerte y directa entre la dificultad de nuestras metas y la probabilidad de que podamos alcanzarlas, sin mencionar una mayor motivación, creatividad y satisfacción.

Para que una meta importe, tiene que estirarnos. Eso significa que tiene que estar en algún lugar fuera de nuestra zona de comodidad. Si sabes exactamente cómo alcanzar la meta, probablemente no esté lo bastante lejos.

Una vez vi un documental acerca de los corredores de larga distancia aficionados que iban corriendo más de 600 millas (965 kilómetros) por cuatro desiertos diferentes.[6] Uno de los corredores, que anteriormente había corrido tan solo unas pocas carreras, decidió participar. Lo instructivo es por qué. Él dijo que nunca había hecho nada como eso anteriormente, pero sabía que podría lograrlo cuando se comprometiera a hacerlo. No estoy diciendo que tengas que participar en una carrera de cientos de millas en cuatro de los lugares más inhóspitos del mundo. Pero si tienes todos los recursos financieros, emocionales y físicos que necesitas en este momento para alcanzar tu meta, en otras palabras, si puedes imaginar fácilmente completar el desafío, probablemente no sea lo bastante desafiante para ser atractivo.

Cité al mago televisivo Penn Jillette al principio del capítulo: "Las personas no presumen de haber subido una montañita de hierba. Presumen de subir al Everest". Dijo eso cuando hablaba de su destacada pérdida de peso, cuando hizo desaparecer más de 45 kilos de los 150 kilos de su cuerpo ¡en tan solo tres meses!

¿Cómo lo hizo? Pasándose a una dieta vegana con muy poca comida procesada, sin azúcar, y un ayuno intermitente extremo. Antes de apuntarte a su régimen, observa su propia advertencia: "Mi primer consejo es este: 'Si aceptas un consejo de salud de un mago de Las Vegas, eres idiota'".[7] Dejando a un lado los detalles, lo que se me quedó al leer la explicación de Jillette fue que le costaba controlar su peso usando medios más fáciles. "Me di cuenta de que la única forma en la que puedo conseguir algo es que sea difícil", dijo. "Las cosas que son fáciles no las hago. Me falta el deseo psicológico de hacerlo, no lo disfruto".[8] Puede parecer sorprendente, pero las investigaciones le dan la razón.

Sabemos por la ciencia del establecimiento de metas que estar a la altura del riesgo inherente de una meta crea un beneficio emocional inmenso para nosotros. "Cuando se establecen metas demasiado bajas, las personas con frecuencia las alcanzan, pero los posteriores niveles de motivación y energía por lo general quedan planos, y las metas normalmente no se sobrepasan por mucho", según Steve Kerr y Douglas LePelley de la Universidad Chancellor. Pero dicen: "es mucho más probable que las metas difíciles generen un entusiasmo sostenido y mayores niveles de desempeño".[9] En otras palabras, obtenemos más si empleamos más.

Digamos que eres el gerente de ventas de una pequeña planta manufacturera. Has estado creciendo al 5 por ciento al año, y este año vas a establecer tu meta de crecimiento en el 6 por ciento. ¿Va a mejorar eso el desempeño, fomentar tu creatividad, o aumentar tu entusiasmo? De ninguna manera. Las metas pequeñas sencillamente no son muy atractivas. Si queremos ganar, necesitamos ir más allá de nuestra urgencia natural de jugar a lo seguro, salir de nuestra zona de comodidad, y establecer algunas metas arriesgadas. Ahora imaginemos que esa meta de crecimiento fuera como del 20 por ciento. Conseguir ese resultado requerirá más de ti de lo que actualmente sabes cómo manejar. Es entonces cuando se produce el crecimiento.

O tomemos un ejemplo personal en lugar de uno profesional. Si has hecho un boletín informativo semanal durante un año con suscriptores que cuentan con que sacarás tu mensaje a tiempo, ¿por qué no hacer un esfuerzo extra para añadir algún artículo cada semana además de lo que informas regularmente? La idea de las metas arriesgadas es sacarte de tu zona de comodidad y llevarte a tu zona de incomodidad. Jugar a lo seguro no conseguirá el mismo tipo de recompensas.

LA ZONA DE INCOMODIDAD

Probablemente ya hayas experimentado antes beneficios de la zona de incomodidad hasta cierto punto. Quizá fue aprender una nueva habilidad, conocer a una persona nueva, o aceptar un reto que nunca antes habías realizado. Con frecuencia no nos gustan esas cosas cuando están sucediendo, pero al mirar atrás tenemos que admitir: las cosas realmente importantes de la vida suceden fuera de nuestra zona de comodidad. Es ahí donde se produce el crecimiento, donde están las soluciones, donde reside la satisfacción. Pero en lugar de descubrir eso retrospectivamente, podemos crear esas experiencias aceptando intencionalmente metas con mayores niveles de riesgo implicado.

En su libro *Estrés: El lado bueno*, Kelly McGonigal comparte la historia de la profesora de la universidad de Stanford, Alia Crum. Como estudiante universitaria que estudiaba toda una noche en un sótano del departamento de psicología de Yale, Crum se sobresaltó al oír unos golpes en la puerta. Al abrir apareció un técnico, valoró la situación, y dijo: "Otra noche fría y oscura en la ladera del Everest". Crum no tenía tiempo para interactuar con él o responderle; él cerró la puerta y siguió con sus quehaceres.

Un par de semanas después, las palabras de aquel hombre regresaron a la mente de Crum. Al escalar el Everest se vivirán algunos momentos de angustia, pensó ella, igual que lo que ella sentía cuando trabajaba toda la noche para conseguir su título. Crum se amonestó a sí misma: "Pero ¿qué esperabas? Estás subiendo el Everest".

Todos tienen un Everest que les intimida, incluso les desafía, para alcanzar su cima. En ese tiempo, el Everest de Crum era su disertación. Pero todos tenemos nuestra propia versión. Hay veces que estamos convencidos de que no tendremos éxito. "Pero ¿qué es una meta digna", pregunta McGonigal, "si no es lo suficientemente importante para pasar algunas noches frías y oscuras a la intemperie en una ladera del Everest?".[10]

Lo fascinante es que al escoger metas abrumadoras y difíciles, nos elevamos a la altura del reto con toda la ingenuidad y los recursos necesarios. El CEO de General Electric, Jack Welch, lo denomina "pensamiento de tren bala". Tomó el nombre de una revolución en el tránsito japonés. Viajar por ferrocarril desde Tokio hasta Osaka requería más de seis horas. Eso ralentizaba los negocios, y los ejecutivos querían recortar el tiempo de viaje, pero no establecieron reducciones "realistas" en cuanto a tiempo, digamos, hacer que el viaje bajara de las seis horas. En cambio, quisieron recortarlo a la mitad. Para alcanzar esa meta, los ingenieros eliminaron soluciones convencionales, volvieron a pensar en todo el problema, y revolucionaron el tránsito japonés en el proceso.[11]

Es muy importante que los ingenieros no redujeron el tiempo a la mitad, pero estuvieron muy cerca, y sin duda más cerca que si se hubieran puesto una meta menos ambiciosa. "Al intentar alcanzar lo que parece imposible", dice Welch sobre la experiencia de perseguir metas difíciles en GE, "a menudo llegamos a conseguir hacer lo imposible; e incluso cuando no lo conseguimos, inevitablemente terminamos haciéndolo mucho mejor de lo que lo habríamos hecho".[12] Estas metas "que estiran" en GE no eran determinantes. Los ejecutivos las usaban para llegar al pensamiento creativo y la resolución de problemas.

Para que una meta sea significativa, su logro debería radicar en la zona de incomodidad. Sabrás que estás ahí cuando comiences a sentir emociones que normalmente consideramos negativas: temor, incertidumbre y duda. Cuando se entienden correctamente, esas emociones supuestamente negativas funcionan como luces indicadoras que nos dicen que hemos llegado. Cuando no vemos el camino, o no estamos seguros de tener lo necesario para alcanzar la meta, entonces nos estamos acercando a una meta que vale la pena intentar.

Eso se ve diferente para cada persona, desde luego. Una amiga de uno de los miembros de mi equipo es madre sustituta. Pero el viaje no fue muy agradable. Lena y su esposo no estaban preparados para la primera vez: un niño de diez años muy traumatizado. Armada con muchas teorías terapéuticas y libros sobre crianza de los hijos, Lena pensó que podrían manejar las conductas de su hijo en acogida. Pero las pataletas y berrinches del niño cada vez eran más intensos y frecuentes, algo que se complicaba aún más con las limitaciones de la telesalud, las listas de espera de la terapia, la distancia social, la escuela virtual y otros factores externos.

Tras una crisis en particular, el equipo de cuidado del programa de acogida decidió que al niño le vendría bien una ayuda médica intensiva. Eso significaba que el niño tendría que salir de casa de Lena. Ella se sentía un fracaso. Amaba a su niño de acogida profundamente y se sentía una gran derrotada en su deseo de acoger y ayudar a cada niño que llegara a su hogar.

Pequeños reveses comenzaron a surgir a medida que Lena procesaba su primera experiencia en esta área. Ella y su esposo no se ponían de acuerdo en cuándo recibir a otro niño en su hogar. Discutían por pequeños detalles de su hogar, cosas que antes de convertirse en padres no eran problema alguno. Lena tenía miedo cada vez que pensaba en tener que ser mamá de otro niño en edad similar. Perdió su enfoque en el trabajo y se aisló de las amigas para no tener que compartir su fracaso.

Finalmente, Lena comenzó una terapia y se dio cuenta de sus creencias limitantes en cuanto a ser mamá de acogida. Creó verdades liberadoras y comenzó a establecer metas en torno a crecer en la crianza y las experiencias esperanzadoras, mientras que su terapeuta le ayudó a procesar sus traumas y los grandes cambios de vida continuos que se producían con cada nuevo niño de acogida.

Lena y su esposo han tenido (en el momento en que escribo esto) otros ocho niños que han pasado por su hogar después de la traumática salida del primero. Han tenido hijos de edades comprendidas entre uno y diecisiete. Lena ahora da la bienvenida a la incomodidad que le supone este viaje. Contrarresta todas las respuestas normales que la mayoría tenemos de querer una vida fácil, ya no hablemos de una vida parental fácil.

"Me mueve el deseo de marcar la diferencia niño a niño, familia a familia", compartía Lena. Su temor a ser lo suficiente en el momento correcto le dice que está progresando y siendo una mamá más fuerte para niños de varias edades. Ahora se apoya en la incomodidad, sabiendo que esta le guía hacia sus nuevas capacidades.

La mayoría de las personas se retraen cuando sienten emociones negativas. No lo hagas. Podrían ser indicadores de que estás en el camino correcto. Después de todo, es en el camino desde la zona de comodidad hacia la zona de incomodidad donde se produce el crecimiento.

Pero ¿cómo sabes si tu meta es desafiante o sencillamente una locura? Existe también una diferencia entre la incomodidad y el delirio.

LA ZONA DELIRANTE

Regresemos al error de GM. Cuando General Motors fracasó en su meta del 29% y dañó su viabilidad como empresa, los críticos lo utilizaron como una advertencia sobre el peligro de establecer metas. Dijeron que establecer metas no funciona, o que causa más problemas de los que resuelve. Pero GM no fracasó porque estableció una meta desafiante; fracasó porque se desvió hacia la zona delirante.

La meta fomentaba la visión de túnel y estrategias imprudentes. GM estaba tan enfocada en alcanzar el 29% que perdió el rastro del resto de sus negocios e intentó alcanzar la meta utilizando estrategias que finalmente recortaron su salud financiera. La relevancia, como hablamos dentro del marco SMARTER, puede evitar este tipo de establecimiento de metas autodestructivo. Algunas metas son sencillamente imposibles y no están en consonancia con el resto de nuestras prioridades. No inspiran; aseguran el fracaso.

Todos podemos entrar en la zona delirante si no tenemos cuidado. Que yo pensara que podía jugar en el tour de veteranos de la PGA, por ejemplo: eso es delirante. Pregunta a cualquiera que haya jugado alguna vez al golf conmigo. ¿Y qué del hombre que decidió atravesar corriendo cuatro desiertos? Eso parece delirante, ¿no es cierto? Así es hasta que consideras el hecho de que él siempre había sido bastante deportista, que estaba muy decidido, y corría con un grupo muy cercano de otros viajeros que le apoyaban.

¿Y qué de ti? ¿Cómo puedes saber que estás entrando en la ciudad de la locura? Alguna vez son sencillas matemáticas. Una vez escuché a Dave Ramsey mencionar que retó a un vendedor de su equipo. El tipo se había puesto la meta de llamar a cierto número de clientes cada día. Dave le dijo que no estaba pensando con claridad; sí, la meta era ambiciosa, pero simplemente no había tiempo suficiente en el día para alcanzarla. El vendedor había sobrepasado la zona de incomodidad y había entrado en la zona delirante. Finalmente se achicó. Es fácil pensar en casos paralelos en los que el dinero u otras métricas no son alcanzables en base al ancho de banda, y cosas parecidas. Tenemos que creer en la posibilidad (Paso 1), pero hay algunas restricciones que son reales.

Otras veces, hablar con un cónyuge o alguien cercano puede ayudar. No somos capaces tantas veces de identificar nuestros propios puntos ciegos como lo hacen otras personas. Ellas a veces pueden ver que una meta está perdiendo la relevancia que nosotros creemos que tiene.

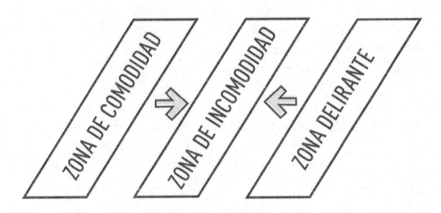

Las metas arriesgadas son obligadas. Eso significa que la incomodidad es un indicador positivo. Cuando establezcas metas, evita quedarte en tu zona de comodidad. Asegúrate de evitar también la zona delirante.

Y aquí está una advertencia. No necesitas un salto de locura para aterrizar en la zona delirante. A veces podemos llegar hasta ahí con las demandas acumuladas de metas múltiples. Puedo ver esto cuando las personas planifican importantes fechas límite simultáneamente o acumulan proyectos uno tras otro sin dejar margen suficiente. Ya se sabe lo que sucede a continuación. Es un accidente ferroviario a la espera de producirse.

Las metas en la zona de incomodidad nos desafían y fomentan nuestro mejor desempeño. Las metas en la zona delirante invitan a la derrota, y nos dejan meramente frustrados y desalentados. Lo que me gustaría hacer es establecer una meta que sea casi delirante y después hacerla retroceder un poco. Entonces salgo de lo delirante y llego a algún lugar en mi zona de incomodidad.

PREPARACIÓN PARA EL VIAJE

Me gustaría regresar a la historia de la alumna Natalee de Tu Mejor Año. Antes de mudarse con su familia a una ciudad nueva, comenzó una marca en línea y una consultora de mercadeo. Ella había comenzado ya otro negocio anteriormente y estaba lista para volver a hacerlo.

Natalee pudo convertir una relación profesional anterior en su primer cliente, pero conseguir tracción fue difícil al principio. "Sabía que quería continuar haciendo crecer mi negocio, y quería hacer algo emprendedor", dijo. Pero con la mudanza y los niños pequeños era difícil. A pesar de los retos y la incertidumbre, se aventuró hace dos años atrás y estableció la meta de hacer crecer su negocio. El viaje tuvo sus altibajos, pero ella lo fue solucionando a lo largo del camino y llevó a su negocio de tener un solo cliente hasta seis. "Me encanta ser una emprendedora", dijo. "Es muy liberador hacer algo con lo que siempre he soñado. Estoy muy orgullosa de haber dado el paso y haber hecho eso. He creado valor en el mundo".

Dirigir su propio negocio comenzó como un sueño. Después se convirtió en una meta desafiante, y tras eso fue su empleo diario. Un año estableció la meta de crear 10.000 dólares en beneficios de su negocio en un solo mes. Era difícil, y ella admitió que pensaba que estaba cerca de la zona delirante. "Pensé que seguramente me tomaría hasta diciembre", dijo. Pero no. En realidad pudo lograrlo para el 30 marzo. "Estoy literalmente asombrada", dijo. "Creencia limitante: aplastada".

Natalee se benefició directamente del ímpetu en el desempeño de las metas desafiantes; y tú también puedes hacerlo. Tu mejor año vive en algún lugar más allá de tu zona de comodidad. Si eso es cierto, y yo creo que lo es, ¿cómo puedes prepararte para las emociones negativas que seguramente llegarán durante el viaje? Voy a sugerir cuatro maneras de hacerlo.

En primer lugar, *reconoce el valor*. Avanzamos hacia lo que estimamos. El primer paso es simplemente confesar que salir de tu zona de comodidad es bueno. Se trata de intercambiar tu creencia limitante por una verdad liberadora. Dilo en voz alta si necesitas hacerlo: "¡Salir de mi zona de comodidad es bueno para mí!". Recuerda: a menos que lo hagas, no experimentarás el crecimiento que quieres, la solución que necesitas, o la satisfacción que deseas. Jugar a lo seguro no es tan seguro.

En segundo lugar, *confía en la experiencia*. Muchas personas se retraen siempre que experimentan dolor. El problema es que puede convertirse en un hábito, o peor aún, en un modo de vida. En cambio, acepta la incomodidad y avanza hacia ella. "Lo que he descubierto es que nunca estoy más vivo que cuando sigo avanzando y tengo dolor, y estoy luchando para alcanzar un mayor logro", dice Karnazes. "En esa lucha creo que hay magia".[13] Este es un paso importante para lograr cualquier cosa significativa. Tienes que atravesar el ámbito de la incomodidad para conseguir lo que quieres en la vida.

En tercer lugar, *observa tu temor*. Si sientes ansiedad, inquietud o incertidumbre, eso es normal, pero no tienes que estar controlado por eso. Sí, el temor puede ser una señal de peligro, pero también puede indicar que estas de camino hacia un avance. Hace algunos años conocí a un saltador BASE en Suiza. Él me dijo que siente un temor casi insoportable cada vez que salta. Le abruma en el momento en que sus pies dejan de tocar la montaña hasta que se abre su paracaídas varios segundos después. ¿Por qué? *Quizá hoy sea el día en que mi paracaídas no se abrirá*, piensa. A pesar de su temor, sin embargo, el premio es mayor que la preocupación. Cuando las emociones negativas se acumulan, lo cual invariablemente sucederá, se separa a sí mismo de ellas, las minimiza para enfocarse en su salto, y después se lanza. Con frecuencia, la habilidad de dejar atrás el temor es lo único que separa a quienes tienen éxito de quienes fracasan.

En cuarto lugar, *no lo pienses demasiado*. Esta es mi mayor tentación. Quiero conocer el camino completo; quiero un mapa hasta el destino. Ay, en raras ocasiones tengo uno, pero está bien. Lo único que realmente necesitas es claridad para el paso siguiente. Cuando la tienes, da el paso siguiente en fe, creyendo que recibirás la luz que necesitas para dar el siguiente paso.

CRECIMIENTO EN EL VIAJE

Si esperas lograr cosas significativas en tu vida, vas a tener que pasar mucho tiempo fuera de tu zona de comodidad. Bien podrías obtener de eso el mayor provecho. Puedes sentirte cómodo y estancarte, o estirarte, sentirte incómodo y crecer. Puede que pienses que la comodidad conduce a la felicidad, pero no es así. La felicidad viene del crecimiento y de sentir que estás haciendo progreso.

Cuando intentamos establecer metas arriesgadas, es importante recordar para qué son las metas en un principio. Sí, se trata de hacer cosas, pero es más que eso. Una meta no solo se trata de lo que lo logras, sino de lo que llegas a ser. Las metas se tratan de crecimiento. Una buena meta nos hace crecer y madurar. Eso se debe a que cada meta se trata del viaje tanto, o incluso más, que del destino, y esa es exactamente la razón por la cual es tan importante establecer metas fuera de la zona de comodidad.

9

LOS LOGROS Y LOS HÁBITOS TRABAJAN JUNTOS

Me enseñaron que la manera de progresar
no era ni rápida ni fácil.
—MARIE CURIE

No te sientes a esperar que lleguen las oportunidades.
Levántate y créalas.
—MADAM C. J. WALKER

Suzanne está en la mejor forma de su vida. Comenzó a correr regularmente cuando tenía treinta y tantos años y terminó su primera maratón pocos años después. Buscando una meta inspiradora y desafiante cuando cumplió los cuarenta, decidió correr cincuenta maratones en cincuenta estados para su cincuenta cumpleaños. Ella lo denomina su "Reto 50/50x50", y está muy avanzada en el camino. Ahora tiene cuarenta y cuatro años, y ya ha marcado veinte estados de su lista.

Richard se retiró del trabajo activo en las fuerzas aéreas hace cinco años y ahora enseña historia en su universidad comunitaria local. Después de observar que los estudiantes carecían de pensamiento crítico y habilidades sociales necesarias para el liderazgo, se reunió con su junta asesora para hablar sobre el problema. Al estar de acuerdo en la necesidad, la junta le pidió que creara un nuevo programa de estudios de liderazgo que estuviera listo a tiempo para el trimestre de otoño. Richard tomó un año sabático para trabajar en el proyecto, finalizó después del verano, y comenzó a enseñar el nuevo curso según la fecha establecida.

Cuando Tom desarrolló un sistema patentado de unión de colores para su negocio de decoración de interiores, su socia Isabelle tuvo una idea. Encontró a un desarrollador que les ayudó a crear una aplicación para celulares que utilizaba las cámaras del teléfono o la tableta para emparejar colores y después sugería opciones para coordinar paletas. Tomó varios meses sortear los obstáculos, pero tras comentarios de usuarios de la versión beta, fijaron como fecha de lanzamiento el 1 de marzo. Están en camino de superar esa fecha por dos semanas.

Cada uno de estos casos hipotéticos (el Reto 50/50x50, el programa de estudios de liderazgo y el lanzamiento de la aplicación) representa logros únicos. Reconocerás las características clave. Tienen un ámbito claro y definible y un marco de tiempo para su terminación. Se denominan *metas de logro*. Pero hay otro tipo de meta que también debemos considerar.

Bill y Nancy tienen un matrimonio estupendo. No es solamente que tuvieron suerte y se casaron con la persona adecuada; es que han cultivado la intimidad de manera intencional. Por simple que parezca, han tenido una cita nocturna cada semana durante más de dos décadas. Este hábito les ha provisto un contexto en el cual pueden mantener conversaciones profundas y significativas acerca de las cosas que más importan.

Spencer está sano y en forma. Cada vez que visita a su médico para su chequeo anual, él se queda asombrado, pues ha seguido mejorando durante los últimos cinco años. Lo sorprendente es que Spencer cumplió el año pasado los sesenta y cinco años, pero su salud no es así por accidente. Todo comenzó cuando él empezó a cultivar el hábito del entrenamiento de fuerza cuatro días por semana.

Claire ha construido un negocio digital de siete cifras en solo tres años después de haber perdido su empleo porque hubo despidos. Podrías verte tentado a descartar su éxito por pensar que ella se tropezó con una gran idea exactamente en el momento correcto. Sin duda, eso desempeñó su papel, pero si le preguntaras cuál es el secreto de su éxito, ella lo atribuiría a su hábito de hacer cinco llamadas de ventas cada semana para cerrar una venta, hacer un nuevo contacto en su industria, o montar su negocio.

Contrariamente a los tres primeros ejemplos, estos tres últimos no tienen un ámbito definido o un marco de tiempo limitado. En cambio, representan una actividad continuada, y se denominan *metas de hábito*. Tanto las metas de logro como las de hábito pueden ayudarnos a diseñar el futuro que queremos, especialmente si podemos conseguir la mezcla adecuada y sacar partido a sus diferencias.

DISTINCIONES CON UNA DIFERENCIA

Como ilustran los ejemplos anteriores, las metas de logro están enfocadas en logros de una sola vez. Podrían estar dirigidas a liquidar las deudas de tus tarjetas de crédito, alcanzar un hito financiero, o terminar de escribir una novela. Es esencial que las metas de logro incluyan fechas límite.

Las metas de hábito, por otro lado, implican actividad regular y continuada, como la práctica de la meditación diaria, una cita mensual para tomar café con un amigo, o caminar cada día después del almuerzo. No hay fecha límite porque no estás intentando alcanzar una sola cosa; intentas mantener una práctica. En cambio, hay una fecha de comienzo que desencadena la iniciación.

Mira los tres ejemplos de correspondientes logros y hábitos en la lista adjunta para una rápida comparación.

Siguiendo el marco SMARTER, las metas de logro en la tabla son específicas, medibles, tienen una clave de tiempo, y todas ellas impulsan el enfoque y el esfuerzo. Cuando llega la fecha límite, sabemos si hemos alcanzado la meta o no.

TANTO LAS METAS

DE LOGRO COMO

LAS DE HÁBITO

PUEDEN AYUDARNOS

A DISEÑAR

EL FUTURO

QUE QUEREMOS.

METAS DE LOGRO	METAS DE HÁBITO
Correr mi primera media maratón para el 1 de junio	Correr 3 millas (5 km) los días laborables a las 7comenzando el 15 de enero
Aumentar los beneficios por ventas en un 20% al final del tercer trimestre	Llamar a 4 nuevos clientes potenciales cada semana, comenzando el 1 de marzo
Leer 50 libros este año para el 31 de diciembre	Leer 45 minutos cada tarde a las 8:00, comenzando inmediatamente

Las metas de hábito enumeradas también siguen el marco SMARTER. Eso es esencial para saber qué actividad estamos intentando mantener y la frecuencia deseada. Aunque las metas de hábito no incluyen fechas límite, aun así deberían tener un marco de tiempo. Las metas de hábito más eficaces tienen cuatro claves de tiempo:

1. *Fecha de inicio.* Es cuando tienes la intención de comenzar a instalar el hábito.

2. *Frecuencia del hábito.* Es cuán a menudo realizarás el hábito. Podría ser diariamente, en días concretos de la semana, semanalmente, mensualmente, etc.

3. *Desencadenante de tiempo.* Es cuando quieres realizar el hábito. Podría ser un momento concreto cada día, o un día a la semana. También podría estar atado a otra actividad regular, como "después del desayuno" o "antes de acostarme". Es más fácil ser coherente si puedes realizar el hábito en el mismo momento cada vez.

4. *Duración.* Es cuántas veces seguidas debes realizar el hábito antes de poder considerar que está instalado; es decir, cuando la actividad se convierte en una segunda naturaleza. Con la mayoría de las metas de hábito puedes dejar de enfocarte en ellas cuando eso sucede.

Las claves de tiempo son esenciales para alcanzar la meta. Las fechas límite funcionan mejor para las metas de logro. Para las metas de hábito, prueba a combinar una fecha de comienzo, frecuencia del hábito, desencadenante de tiempo, y una duración.

El factor riesgo viene de mantener tu duración. Instalar un hábito toma un periodo de tiempo, y podría ser más largo de lo que piensas. Regresaré a esta idea en el Paso 4.

Si buscas ayuda para escribir metas de hábito eficaces para ti, la muestra de esquemas de hábito al final del libro tiene estas claves de tiempo incorporadas. También he incluido varias páginas de detalles de meta de la agenda *Full Focus*, que incluye un Rastreador de Duración™ para ir marcando tu progreso.

¿QUÉ FUNCIONA MEJOR?

Si buscas crear ocho metas anuales, probablemente deberías tener una mezcla de metas de logro y de hábitos. El truco está en saber cuándo y cómo utilizarlas.

Una meta de logro funciona para cualquier proyecto que tenga un ámbito definible o un marco de tiempo limitado. Digamos que quieres aumentar tus ingresos. Puedes ponerle una definición a eso y establecer una fecha límite. Podrías establecer una meta de logro como la siguiente: "Aumentar las comisiones por ventas en un 20% al final del año fiscal". O digamos que quieres lanzar un nuevo negocio. Puedes establecer una meta de logro como esta: "Lanzar la consultora para el 1 de junio".

Mientras, una meta de hábito funciona para deseos que no tienen un ámbito definible o un marco de tiempo limitado. Digamos que quieres acercarte más a Dios o ser más espiritual. Eso no es un logro de una sola vez, sino que refleja una realidad continuada. Podrías establecer una meta de hábito como la siguiente: "Pasar 20 minutos al día para lectura de la Biblia y oración, 5 días por semana, a las 6:00 de la mañana, comenzando el 1 de enero, y hacerlo durante 70 días seguidos". O digamos que quieres desarrollar mayor intimidad con tu cónyuge. Podrías establecer una meta de hábito como esta: "Llevar a mi cónyuge a cenar fuera y tener una noche de conversación, una vez por semana, las noches de los viernes a las 8:00, comenzando el 1 de marzo, y hacerlo durante 52 semanas seguidas".

Otro modo de utilizar las metas de hábito es como un medio para completar una meta de logro. Digamos, por ejemplo, que quieres escribir un libro de 50.000 palabras para el 30 de junio. Podrías identificar varios pasos a seguir, o podrías enfocarte sencillamente en instalar un hábito de escritura. Por ejemplo: "Escribir 500 palabras al día, 5 días por semana a las 6:00 de la mañana, comenzando el 1 de febrero, y hacerlo durante 20 semanas seguidas".

O digamos que quieres salir de la deuda. Esta es una meta de logro que vale la pena y que exige hábitos fuertes. Por ejemplo, puedes crear un plan de pagos (una meta de logro), pero ese esfuerzo estará apoyado significativamente por algunos hábitos austeros, como comer en casa en lugar de salir a comer fuera o caminar por tu vecindario en lugar de pagar un gimnasio.

Otro ejemplo: Digamos que quieres aumentar tu beneficio en un 30% antes de final de año. Para alcanzar esa meta, necesitarás una estrategia. ¿Recuerdas el ejemplo de Claire? Para alcanzar tu meta de logro, podrías establecer la siguiente meta de hábito: "Hacer 5 llamadas de ventas cada semana a líderes calificados, comenzando el 1 de enero, y hacerlo durante 52 semanas".

Distintas metas funcionan para diferentes personas, y puedes confeccionar tus compromisos para que estén en consonancia con tus necesidades personales emocionales y físicas. Para algunas personas, una meta de logro con respecto a su salud es lo último que necesitan. Para otras, les proporciona la motivación para moverse. Para otros, es más fácil conformarse con una rutina saludable con un hábito y no preocuparse por alguna meta de logro global. Está bien. y de nuevo, para algunas personas encontrar una mezcla de ambos tipos les ayuda a conseguir lo que están persiguiendo.

Lo magnífico es que las metas de logro y de hábito son flexibles; puedes estructurarlas como quieras. Lo importante es encontrar lo que funciona para ti. Podría resultarte obvio o podrías necesitar experimentar y probar ambas para terminar en el mejor camino.

ROMPIENDO MALOS HÁBITOS

Muchas personas están interesadas en romper hábitos en lugar de crearlos, y ese podría ser tu caso. Si tienes hábitos que podrían interferir con tus metas, es probable que te cueste experimentar tu mejor año. Podría ser, por ejemplo,

+ revisar el teléfono o redes sociales demasiadas veces
+ postergar proyectos importantes
+ irte a la cama a horas irregulares
+ quejarte demasiado de las dificultades de la vida
+ comer para manejar el estrés u otras emociones
+ comer entre horas
+ beber más de lo que te gustaría
+ darte un atracón de programas de televisión
+ decir sí a demasiadas peticiones de otros
+ murmurar sobre otros cuando estás con amigos

Estas y otras conductas habituales son generalizadas y persistentes, y pueden provocar el caos en nuestra vida. Quizá tienes el deseo de cambiar esas conductas, y quizá incluso dejas de hacerlas por un tiempo pero después vuelves a los viejos patrones.

Los hábitos automatizan nuestras conducta. Esto es un plus porque nos ahorra el problema de pensar en ello de forma consciente y decidir nuestra actividad. Sencillamente lo hacemos. Pero eso es un arma de doble filo. Cuando nuestro cerebro automatiza una conducta, puede resultar muy difícil desinstalarla. Estamos anulando nuestra programación.

Los hábitos se forman cuando respondemos a un desencadenante de activación de algún tipo (podría ser un objeto, una idea, cualquier cosa) donde experimentamos una recompensa, y después repetimos la acción para experimentar la recompensa de nuevo. Hay varios mecanismos neurológicos en juego, pero los elementos básicos son estos: desencadenante de activación, respuesta, recompensa, repetición.[1]

Las formas más seguras de romper un hábito son o bien eliminar el desencadenante o cambiar la respuesta. Como la respuesta es en gran parte automática, cambiarla puede resultar difícil. Es factible, pero a veces a las personas les resulta más fácil eliminar el desencadenante. Mirando nuestra lista anterior, por ejemplo, podríamos decir que una manera de evitar comer entre horas sería sacar los aperitivos de la despensa; para evitar revisar las redes sociales, mete el teléfono en un cajón para que no puedas acceder a él tan fácilmente; y para evitar murmurar con los amigos, deja de salir durante un tiempo con quienes fomenten esa conducta. Este tipo de soluciones de situación funcionan porque mutean las indicaciones a las que habitualmente respondemos. Eso por lo general funciona mejor que la fuerza de voluntad.

Si eres consciente de tu respuesta, puedes cambiarla creando reglas. Por ejemplo, establecer la regla de que antes de hacer nuevos compromisos, siempre dirás: "Déjame pensar en ello. Revisaré mi calendario y mis otros compromisos". O podrías establecer una regla sencilla de que solo comerás cuando estés sentado para una de las tres comidas cada día; esa simple regla bloquea el hambre emocional. O podrías establecer la regla de que para cada queja que tengas tienes que escribir un tweet sobre algo por lo que estés agradecido. Y un extra: solo crear la regla puede hacer que seas más consciente de tu conducta. El truco está en alterar tu respuesta normal, creando esencialmente un hábito nuevo y más beneficioso.[2]

Ambas estrategias son versiones del compromiso previo, decidir con antelación lo que harás con respecto al desencadenante o tu probable respuesta al desencadenante. Otro mecanismo de compromiso previo popular es establecer un castigo para el hábito. La "jarra de los juramentos" es un clásico ejemplo. Acordar destinar dinero a una causa que no te gusta puede funcionar también.

La profesora Katherine Rundell, autora de una aclamada biografía de John Donne, usó esta técnica para superar la postergación en su tesis doctoral. Acordó con una amiga que, si no escribía 1.000 palabras al día, tendría que donar 100 libras a un santuario de burros. "Realmente funciona", dijo ella. "No quería que los burros se quedaran con mi dinero. Solo fallé un día".[3] Por supuesto, cumplir tu compromiso puede resultarte difícil. Hablo sobre el papel de rendir cuentas en el Paso 4.

LA MEZCLA CORRECTA PARA TI

Lo que estás buscando es la mezcla de metas de logro y metas de hábito que sea correcta para ti. Mira tu lista de metas. Quizá está demasiado llena de metras de logro. Si es así, tal vez querrás cambiar una o más por una meta de hábito. Quizá tengas demasiadas metas de hábito. Hazlo al revés.

Y no te olvides del beneficio de usar metas de hábito como los siguientes pasos para las metas de logro. Esa estrategia funciona especialmente bien cuando estamos en la difícil etapa del medio. Es ahí donde nos dirigimos ahora, después de tu plan de acción.

PASO 3

PLAN DE ACCIÓN

1. ESTABLECE TUS METAS

Establece ocho metas que quieras alcanzar en el año. Haz que sean SMARTER:

- Específicas
- Medibles
- Factibles
- Arriesgadas
- Limitadas en el tiempo
- Emocionantes
- Relevantes

Asegúrate de enfocarte en los dominios de la vida en los que necesites ver mejoría. Enumera algunos por trimestre; de ese modo puedes concentrar tu atención y mantener un ritmo estable a lo largo del año.

2. ESTABLECE METAS EN LA ZONA DE INCOMODIDAD

Las mejores cosas en la vida por lo general suceden cuando nos estiramos y crecemos. Eso es sin duda alguna cierto para diseñar nuestro mejor año, pero discurre contrario a nuestros instintos, ¿no es cierto? Sigue estos cuatro pasos para vencer la resistencia:

1. *Reconoce el valor de salir de tu zona de comodidad.* Todo comienza con un cambio en tu pensamiento. Cuando aceptas el valor de la incomodidad, es fácil avanzar.

2. *Confía en la experiencia.* La mayor parte de la resistencia está en nuestra mente, pero necesitamos algo más que un cambio de pensamiento. Al confiar, también estamos cambiando nuestra voluntad.

3. *Observa tu temor.* Las emociones negativas seguramente se acumularán. No las ignores. En cambio, compara los sentimientos con lo que quieres alcanzar. ¿Es mayor la recompensa que el temor?

4. *No pienses en exceso.* La parálisis por análisis es real. Pero no necesitas ver el final desde el principio o saber exactamente cómo se desarrollará una meta. Lo único que necesitas es claridad sobre tu siguiente paso. (Más acerca de esto en el capítulo 13).

3. DECIDE SOBRE LA MEZCLA CORRECTA DE LOGROS Y HÁBITOS

Las metas de logro representan logros de una sola vez. Las metas de hábito representan una actividad nueva, regular y continuada. Ambas son útiles para diseñar tu mejor año, pero necesitas decidir acerca del balance correcto para tus necesidades individuales. La única respuesta correcta es la que funcione para ti.

ENCUENTRA TU PORQUÉ

En su libro *A Million Miles in a Thousand Years* (Un millón de millas en mil años), Don Miller habla sobre cruzar un tramo de agua, no solo dejar la orilla y llegar al otro lado sino también "el duro trabajo de la mitad".[1] Es una metáfora para cualquier cosa significativa que emprendamos. Salir nos proporciona la ráfaga de anticipación y progreso, pero la anticipación se disipa y el progreso parece disminuir. Bastante pronto estamos en la caótica mitad, dudando de si tenemos la fuerza para llegar al otro lado, o quizá por qué comenzamos en un principio.

En el paso anterior hablamos sobre mi estructura SMARTER de siete partes para escribir metas poderosas y eficaces. Es fundamental hacer que sean específicas, medibles, factibles, un poco arriesgadas, limitadas en el tiempo, emocionantes y relevantes para tus circunstancias actuales. El Paso 4 habla sobre la importancia de identificar y conectar con las motivaciones para cada una de tus metas.

Esto es importante porque inevitablemente te encontrarás en la caótica mitad. Es parte de todo gran sueño, de toda meta y de todo intento de mejorar. A veces pensamos que si planificamos mejor podemos evitar el dolor y llegar fácilmente a la línea de meta, pero casi nunca sucede de ese modo. La respuesta es aprovechar tus motivaciones, pues te darán el impulso y el ímpetu para terminar cuando el camino se ponga difícil y quieras abandonar.

10

TU QUÉ NECESITA UN PORQUÉ

Las personas pierden su camino cuando pierden su *porqué*.
—GAIL HYATT

Todo se reduce a la motivación. Si realmente quieres hacer
algo, trabajarás duro por ello.
—EDMUND HILLARY

Me sucede varias veces por semana. Quiero abandonar. Justamente el otro día quise abandonar los ejercicios que mi médico me había sugerido.

Recientemente pasé por una cirugía. Hay una evidencia abrumadora que indica que levantarse y moverse tras una cirugía puede disminuir el riesgo de infección, mantener en su lugar la presión sanguínea y la circulación, y disminuye la probabilidad de que salgan llagas por estar en cama. ¡Yo estaba de pie y caminando cerca del puesto de enfermeros la mañana después de mi cirugía!

Cuando iba a salir del hospital, me dieron instrucciones estrictas. Había conversado con mi médico acerca de metas para volver a recuperar mi fuerza pero no sobrepasarme mientras avanzaba hacia la sanidad. Sin embargo, no fue necesario mucho tiempo para que mi motivación se hundiera cuando llegué a mi casa.

Un día en particular, decidí que no necesitaba hacer mis estiramientos diarios o caminar por el vecindario. Podía tomarme un día libre. Había trabajado duro hasta ese momento, y ya estaba cansado. A medida que avanzaba el día noté una tirantez incómoda e inusual en los puntos y que tenía las manos y los pies fríos por falta de circulación. Cuando me quejé de mis dolores, mi esposa Gail me señaló de nuevo a mis metas para la recuperación. Admití la derrota, me descargué el archivo de audio del libro que estaba leyendo, y me dirigí a la puerta para salir de la casa.

La tentación de abandonar es un tema recurrente. Si no es mi salud, es otra cosa: mi matrimonio, mi negocio, mis amistades, e incluso Dios. Es sencillamente la naturaleza de la vida. Y, por si las voces que oímos en nuestra cabeza no fueran bastante problema, las voces en nuestra cultura también nos instan a "lanzar la toalla", "hacer un cambio", o "tomártelo con más calma". Lo que esas mismas voces no te dicen es que existe una distinción entre el sueño y el trabajo necesario para obtenerlo.

"Todo el mundo se ve bien en la línea de salida", canta el artista estadounidense Paul Thorn. Comenzar es sencillo; lo difícil es el progreso. La colina es más empinada de lo que pensabas; el camino es más largo de lo que suponías. No estás seguro de tener lo necesario para terminar. Yo he estado en ese punto muchas veces: lo he enfrentado al correr cada media maratón, lo he visto en mi carrera profesional y como emprendedor, e incluso lo he experimentado en mi matrimonio y en la crianza de mis hijos; especialmente en crianza de mis hijos.

Cuando comenzamos un proyecto existe todo tipo de entusiasmo. Somos vigorizados por esa ráfaga de emoción que proviene de la novedad y de nuestra propia creatividad; sin embargo, esa ráfaga es como un fluido de arranque y no el combustible que nos llevará a recorrer el viaje. Por eso muchas de las resoluciones de Año Nuevo solo duran unas pocas semanas. Para recorrer la distancia con nuestras metas necesitamos algo más fuerte.

EL MITO DE LO DIVERTIDO, RÁPIDO Y FÁCIL

Todo lo importante requiere trabajo, y algunas veces existe un largo arco entre el sueño y su cumplimiento. Algunos de nosotros estamos más preparados que otros para aceptar esto. En su libro *The Gifts of Imperfection* (Los regalos de la imperfección), Brené Brown culpa de nuestra reticencia a la cultura de lo divertido, rápido y fácil.[1] Estamos condicionados a querer resultados ahora, o mañana como muy tarde. Lo queremos sin emplear mucho esfuerzo y, desde luego, debemos divertirnos al hacerlo, pues de otro modo queremos pasar a lo siguiente. Pero aparte de algunas excepciones afortunadas, la mayoría de los beneficios no son inmediatos.

Insatisfechos por el éxito instantáneo que esperamos, podemos desalentarnos y abandonar. Lo he visto cientos de veces en decenas de contextos:

+ El cónyuge que está desgastado tras varios años de matrimonio y está listo para irse.

+ El padre o la madre que batalla con un hijo adolescente que se aísla, y tiene ganas de tirar la toalla.

+ El emprendedor que ha invertido meses, quizá años, en una nueva iniciativa pero se desalienta por falta de tracción.

+ El escritor que está emocionado por una idea nueva pero se estanca durante meses en la escritura del libro.

+ El empleado que no llega a las metas de beneficio y comienza a alejarse.

+ El líder que batalla para cambiar una unidad de negocio y finalmente se da por vencido.

Yo tengo montones de ejemplos personales, y estoy seguro de que tú también los tienes. Lo cierto es cualquier cosa que merezca hacerse no es siempre divertida, casi nunca es rápida, y sin duda no es fácil. ¿Recuerdas lo que el técnico le dijo a Alia Crum? "Simplemente otra noche fría y oscura en la ladera del Everest". Cualquiera que sea el Everest que estás escalando, experimentarás algunos puntos difíciles en el camino, probablemente varios.

HACERLO

IMPERFECTAMENTE

ES MEJOR

QUE NO HACERLO.

CINCO ELEMENTOS PARA COMBATIR EL IMPULSO DE ABANDONAR

Cuando soy tentado a abandonar, me mantengo adelante utilizando cinco elementos. El primero es *perspectiva*. Miremos las carreras profesionales de grandes líderes, innovadores o deportistas. ¿Fue una oportunidad instantánea hasta llegar a lo más alto sin ningún revés para ninguno de ellos? No es así por lo general. Obstáculos, reveses, e incluso fracasos son todos ellos parte de su camino hacia el éxito. Eso es cierto para cualquiera. No podemos confiar en ser la excepción; eso es solamente una ilusión con la garantía de hacernos descarrilar y defraudarnos incluso más que los problemas que enfrentamos.

En segundo lugar, *un nuevo marco*. Como hablamos anteriormente, nuestras expectativas moldean nuestra experiencia. Cuando remodelamos nuestras frustraciones, por lo general podemos encontrar un escalón para obtener ímpetu hacia adelante. En lugar de permitir que prevalezca el peor escenario, me hago a mí mismo preguntas empoderadoras para ayudarme a dejar atrás la dificultad que enfrento. Por ejemplo: *¿qué podría hacer posible este obstáculo? ¿Cómo puedo crecer en esta situación? ¿Qué debería estar aprendiendo en este reto?*

En tercer lugar, *compasión por uno mismo*. El perfeccionismo y el juicio a uno mismo sin duda alguna nos harán descarrilar. "Si vale la pena hacer algo, vale la pena hacerlo mal", dijo una vez G. K. Chesterton. Esa frase siempre me hace reír, pero conlleva una verdad esencial: hacerlo imperfectamente es mejor que no hacerlo. Date un respiro a ti mismo y sigue en la brecha.

En cuarto lugar, *un sentimiento de intervención*. No pierdas esto de vista. Como dice Brown, el sentirnos con derecho se trata de sentir que merecemos el éxito. La intervención es precisamente lo contrario. Es comprender que debemos trabajar para lograrlo. La intervención ve un obstáculo y dice: "Puedo vencer esto", mientras que el sentirnos con derecho se queja porque no se ha hecho aún. Si mantenemos nuestra intervención, podemos sobrevivir a las veces en que nuestros sueños dejan de ser divertidos, rápidos o fáciles.

Finalmente, el quinto elemento: *tu porqué*. Este es tan importante que quiero emplear el resto del capítulo hablando de ello. Según mi experiencia, lo que me mantiene adelante es responder esta pregunta: *¿Por qué estoy haciendo esto en un principio?* Entonces intento recordar el sueño. Trato de conectarme con la visión original, porque eso me mantiene avanzando cuando el camino se pone difícil. Nadie cruza la caótica mitad para alcanzar sus metas a menos que realmente quiera lo que está al otro lado de la incomodidad. Piensa en la crianza de los hijos, o ponerte en forma, o alcanzar una meta profesional importante. Todos estos retos probarán nuestra perseverancia. Eso significa que tenemos que conectar con lo que los investigadores denominan a veces nuestros "motivos autónomos": razones que nos resultan profundamente y personalmente atractivas. ¿Por qué te importa?

IDENTIFICA TUS MOTIVACIONES CLAVE

Cuando la búsqueda de una meta es difícil, es fácil perder enfoque o simplemente querer descartar la meta. Si no nos mantenemos conectados con nuestro porqué, como lo expresa un estudio, "la infusión de energía a las metas puede ser inquietantemente temporal".[2] En otras palabras, hay muchas probabilidades de que nos agotemos y abandonemos.

Sin embargo, como descubrió otro estudio: "Los motivos autónomos de las metas darán como resultado una mayor persistencia evaluada objetivamente hacia una meta cada vez más difícil… Si los individuos se esfuerzan con más motivos autónomos, estarán mejor equipados para vencer los retos que se presentan en la búsqueda de la meta".[3] Tu porqué marca toda la diferencia del mundo.

Blake es un exalumno de Tu Mejor Año cuya novia lo dejó dos días antes de que un árbol gigantesco cayera sobre su casa. Él manejó la situación de manera muy parecida a como lo hacemos nosotros: atravesó el estrés comiendo y bebiendo. Unido a dejar su rutina de ejercicios, aumentó de peso 45 libras (20 kilos). Él sabía que eso tenía que cambiar, y al seguir el curso asignó motivaciones clave a cada una de sus metas. "Cuando comencé a trabajar hacia ellas, pude identificar la importancia que había tenido para mí", dijo. "No por alguna fuerza o resultado exterior, sino porque era importante para mí alcanzar eso. Fue entonces cuando realmente comencé a conectar con ellas y empecé a creer que no eran solamente las palabras escritas en papel, sino que era algo en lo que, sí, yo tenía un papel que desempeñar".

Blake habla sobre el poder de las motivaciones intrínsecas. Estos impulsores provienen de nuestras esperanzas, nuestros valores y nuestras ambiciones. La motivación externa proviene de influencias de afuera como la sociedad, nuestras amistades, nuestro jefe, y otras muchas. Las motivaciones externas raras veces son tan duraderas o eficaces como la motivación intrínseca. "Cuando la búsqueda de una meta está impulsada por el endoso personal y la valoración de la meta, el compromiso y la persistencia serán altos", escribieron los eruditos del segundo estudio citado anteriormente. "Como contraste, cuando la búsqueda de la meta es el resultado de presiones o contingencias externas, el compromiso siempre estará 'en juego' y la obtención de la meta será comparativamente menos probable".[4] Si quieres recorrer la distancia, tienes que encontrar una razón que te hable a ti personalmente y poderosamente.

Charlie Jabaley es un ejemplo estupendo de alguien que tiene una fuerte motivación intrínseca. Había alcanzado un nivel extraordinario de éxito en la industria musical cuando tenía poco más de veinte años, siendo mánager de artistas en lo más alto e incluso ganando un premio Grammy. Él logró cosas que la mayoría de las personas solo podían soñar, pero había un reto que parecía no poder vencer. Tenía una salud muy mala y también mucho sobrepeso.

Jabaley había batallado con su peso toda su vida, y nunca pudo sacudirse por completo su adicción a la comida chatarra. Intentó hacer dieta. Incluso corrió tres maratones, pero al final siempre regresaba a sus viejos hábitos. Cuando tenía veintinueve años pesaba más de 300 libras (150 kilos).

Pero entonces le diagnosticaron un tumor cerebral. De repente, tenía un potente y nuevo porqué, una motivación más fuerte para estar sano: la supervivencia. Sabía que tenía que cambiar cosas; y lo hizo. Dejó la exitosa empresa que él mismo había fundado y se mudó a otra ciudad, donde transformó su relación con la comida y obtuvo ayuda para los problemas emocionales que eran combustible para sus hábitos alimenticios. Comenzó a entrenar para su carrera Ironman y perdió más de 120 libras (50 kilos) en un solo año. Finalmente, los médicos reportaron que su tumor cerebral estaba bajo control. Hoy día, Charlie es más feliz y está más sano que nunca antes, y está trabajando con un nuevo porqué en mente de proporcionar inspiración para otros. Encontrar un porqué poderoso y personal fue lo que él necesitaba para dar un giro radical a su vida.[5]

Cuando yo quise correr mi primera media maratón, tuve que ponerme en contacto con mi porqué. No se trataba de lo que otra persona quería que yo hiciera en términos de mi propia salud. No era una carrera para recaudar fondos que alguien quería que yo corriera para recaudar dinero para su organización. En cambio, identifiqué una serie de motivaciones que eran individualmente importantes para mí. Por ejemplo, escribí lo siguiente:

1. Estoy cansado de tener sobrepeso.
2. Quiero estar en la mejor forma de mi vida.
3. Quiero el impulso y la energía para poder ser el yo más productivo que pueda ser.

Tuve que identificar mi porqué. Tuve que ver lo que estaba en juego si lo lograba. Y tuve que ver lo que estaba en juego si no lo lograba. Eso me llevó a un entrenamiento agotador. Necesitaba incluso más para la carrera.

La verdad es que nunca había corrido esa distancia antes. En mi entrenamiento nunca corría más de diez kilómetros. Sé que era una mala idea. Recuerdo llegar al kilómetro 11 y realmente querer abandonar. Algunas veces, la caótica mitad espera hasta casi el final; sin embargo, lo que sucedió fue lo siguiente: ahora tenía más motivos, e hicieron que siguiera adelante.

Había anunciado mi compromiso a correr. En primer lugar y sobre todo, no quería quedar avergonzado. Además, había convencido a muchísimos de mis colegas para que corrieran conmigo. ¿Cómo se vería si el CEO de quien fue la idea tan inteligente en un principio no terminaba la carrera? Por lo tanto, pensé: "Tengo que terminar. Mi liderazgo está en juego". Hay una cosa que unifica esos pensamientos: eran todos ellos profundamente personales e intrínsecos.

Considero a Steve Jobs un potente ejemplo de la motivación intrínseca. Cuando regresó a Apple a finales de los noventa, la empresa estaba casi en bancarrota. Si Jobs no hubiera intervenido para salvar la empresa, hoy en día no existiría Apple. No habría iPhone. No habría iPad. No habría

Macbook Pro. No habría Apple TV. No habría Apple Watch. Estas son herramientas que yo utilizo cada día de mi vida. Pero el porqué de Jobs era más profundo.

Él no solo fue el cofundador de la empresa, sino que también tenía una visión radical del valor inherente de las máquinas sencillas y elegantes. Esa visión impulsó la revisión de una línea de productos y una nueva estrategia de mercadeo que no solo salvó la empresa, sino que también la impulsó hasta una posición de dominio. Jobs y su equipo se pusieron en contacto con su porqué y cambiaron el mundo.

Entonces, ¿cuáles son los porqués que están unidos a tus metas? Uno de los retos para identificar tus motivaciones clave es que ese deseo sea socialmente mediado. A veces creemos que queremos algo, pero el deseo es en realidad tan solo el reflejo de lo que quieren las personas que nos rodean. Nuestros porqué son imitaciones. Luke Burgis advierte sobre eso en su libro *¡Lo quiero! El poder del deseo mimético en el día a día.* "El deseo mimético es el sistema no escrito y no reconocido que está detrás de las metas visibles", dice, argumentando que necesitamos enfocarnos en lo que él denomina "deseos gruesos" en lugar de "delgados". Podemos ver la diferencia preguntándonos si nuestra motivación es verdaderamente sustancial o meramente superficial.[6]

REGISTRA Y PRIORIZA TUS MOTIVACIONES CLAVE

Escribo las motivaciones clave como una serie de puntos, y por lo general termino teniendo entre cinco y siete. Recomiendo enumerar cada una de ellas hasta que se acaben. Después de eso querrás darles prioridad, pero no a todas. Recomiendo que identifiques las tres más importantes. Puede que tengas muchas más, pero creo que es más eficaz resumir tu lista de motivaciones en unas pocas que realmente te inspiren. Recorre la lista y ponlas en orden. ¿Por qué es importante esto? Querrás identificar tus motivaciones más atractivas, para así tener una razón convincente rápidamente disponible para seguir adelante y alcanzar tu meta.

Por ejemplo, cuando Gail y yo tenemos una pelea (sí, tenemos peleas), yo pregunto: *¿Y por qué debería seguir en este matrimonio?* En lugar de empujar hacia abajo esa pregunta como si fuera un balón de playa debajo

IDENTIFICA TUS

MOTIVACIONES MÁS

ATRACTIVAS, PARA

ASÍ TENER RAZONES

CONVINCENTES PARA

SEGUIR ADELANTE

Y ALCANZAR TU META.

del agua, permito que salga a la superficie y la acepto. *¿Qué está en juego?* Observa que no pregunto *¿por qué debería abandonar?* porque encontraría respuestas para esa pregunta también. La mente es confusa de esa manera. Intentará responder cualquier pregunta que hagas, de modo que ten cuidado con cómo formulas la pregunta. En cambio, me enfoco en lo positivo; estoy buscando razones para seguir adelante.

Aquí está la lista que tengo para mi matrimonio. Cuando el camino se pone difícil y surge la pregunta: *¿Por qué debería seguir en este matrimonio?* tengo preparado un recurso para reorientarme:

1. Porque quiero que el amor sea la característica definitoria de mi vida. No hay mejor lugar para aprender a amar que en el matrimonio. De veras que amo a esta mujer con todo mi corazón.

2. Porque quiero ser un líder, guiándome primero a mí mismo y después a mi propia familia. Aparte de cualquier otra cosa que signifique esto, significa iniciativa y sacrificio. Eso es lo que hacen los líderes.

3. Porque Gail es mi mejor amiga, aunque en ocasiones nos irritamos el uno al otro. Es la única persona con quien puedo contar que estará ahí cuando necesite a alguien que me escuche.

He escrito una lista como esta para cada área o meta importante en mi vida. Cada uno de los nueve dominios de la vida merece una lista como esta, incluso para dominios con los que tal vez no batallas. Puede que llegue un periodo en el que lo harás, y haber hecho ya este ejercicio te ayudará mucho si ese periodo llega a tu vida. Si me quedo atascado y quiero abandonar, saco la lista y comienzo a leerla. De inmediato me da perspectiva y me vigoriza; hace posible que silencie las voces y meta mi cabeza otra vez en la carrera.

Hace más de una década atrás, cuando estaba escribiendo mi libro *Platform: Get Noticed in a Noisy World* (Plataforma: Hazte oír en un mundo ruidoso), tenía una meta escrita muy claramente: "Entregar un manuscrito de cincuenta mil palabras a la editora para el 1 de noviembre de 2011". Tenía un plan estupendo. Cuando comencé el año, empecé a escribir. A mitad del verano tenía un bosquejo muy, muy sencillo del manuscrito que tenía aproximadamente cincuenta mil palabras, pero aún tenía mucho trabajo por hacer. Entonces las cosas se volvieron una locura con la llegada del otoño. Me vi inundado de peticiones para dar conferencias, preguntas sobre coaching, y tareas de consultoría. Acababa de lanzar mi negocio, y no quería decir no a nada. Bueno, naturalmente, quedé enterrado vivo; y no estaba haciendo ningún progreso con el manuscrito.

Podía ver que no iba a cumplir la fecha límite de noviembre ni por asomo. Sinceramente, me desalenté. No veía ninguna manera de conseguirlo, y a pesar de todo el trabajo que ya había invertido, quería tirar la toalla. Entonces recordé algo que mi esposa me había dicho muchas veces antes: "Las personas pierden el rumbo cuando pierden su *porqué*". Fue entonces cuando recordé que había escrito una lista de mis motivaciones clave. Sabía que serían importantes cuando el camino se pusiera difícil.

Aquí están las tres principales motivaciones que enumeré entonces:

1. Quiero ayudar a cientos de miles de autores, artistas y potenciales creativos a los que hayan rechazado porque no tienen una plataforma. [Esta era una de mis motivaciones fundamentales para escribir el libro en un principio].

2. Quiero establecer mi autoridad como experto en construcción de plataformas y abrir la puerta a otros compromisos adicionales para dar conferencias sobre este tema.

3. Quiero demostrar que se puede crear una plataforma y utilizarla para vender libros.

Cuando volví a conectar con mis motivaciones clave, no solo intelectualmente sino también emocionalmente, eso reavivó mi pasión. Volví a comprometerme a terminar el manuscrito. Iba con unas semanas de retraso, pero lo conseguí. Y *Platform* llegó a ser un éxito de ventas del *New York Times*. Todo ello porque volví a conectar con mis motivaciones. Encontré mi porqué. Al mirar atrás, es difícil imaginar lo que habría sucedido si no hubiera guardado mi lista de motivaciones clave para *Platform*. Una cosa sé con seguridad: mi negocio actual no existiría. Y tampoco tendrías en tus manos este libro.

CONECTA CON TUS MOTIVACIONES CLAVE

Ahora bien, cuando digo conectar, me refiero a ello en dos aspectos. En primer lugar, *intelectualmente*. Es importante tener participación intelectual en la motivación. Quizá sea investigación que tú hayas realizado, datos notables, o un argumento que te resulte intelectualmente atractivo.

En segundo lugar, necesitas participación *emocionalmente*. No solo es importante entenderlo; es importante sentir lo que está en juego. Anticipa cómo te sentirías al alcanzar esa meta; o por el contrario, como te sentirías si no la alcanzaras.

Una de mis motivaciones clave para el entrenamiento de fuerza es aumentar mi energía, resistencia y productividad. Conecto intelectualmente porque conozco todos los puntos de investigación sobre esos resultados, pero conecto emocionalmente porque recuerdo lo que se siente cuando hago entrenamiento de fuerza regularmente. Incluso antes de hacer ejercicio puedo sentir ese aumento de resistencia, energía y productividad.

Cuando investigadores de la Universidad Estatal de Nuevo México intentaron averiguar por qué a las personas les gusta hacer ejercicio, regresaron al poder de esta conexión emocional. Nueve de cada diez en un grupo dijeron que hacían ejercicio porque esperaban sentirse bien después. Siete de cada diez en otro grupo dijeron que lo hacían debido a la sensación de logro que sentían.[7] Escribir tus motivaciones es importante, pero obtener este tipo de conexión emocional es incluso más fundamental.

Otro ejemplo viene del modo en que yo estructuro mi semana. Hablo sobre esto en mi libro *Free to Focus* (Libre para enfocarse) y en mi curso de productividad Free to Focus. Divido el tiempo en mis semanas entre trabajo de alto desempeño, trabajo administrativo, y actividades personales. Aparto tiempo para trabajar primero en el trabajo de alto desempeño. Son los proyectos que impulsan el máximo beneficio para mi negocio y se cruzan con mi mayor pasión y aptitud. El trabajo administrativo está dedicado a las tareas más triviales de la gerencia del negocio y la preparación para esas actividades de alto desempeño. El tiempo de actividad personal está reservado para el descanso y la renovación.

Yo solía trabajar casi constantemente, pero entonces comencé a ver la sabiduría que existe en desconectar totalmente los fines de semana. Mi motivación clave es recargar mis baterías y estar plenamente presente con mi familia y amigos. Entendí eso intelectualmente. La investigación sobre este punto es irrefutable. Eso fue suficiente para hacerme comenzar; fue suficiente para que me comprometiera a tener tiempo de actividad personal, pero me tomó un tiempo conectar con ello emocionalmente. Me encanta mi trabajo, de modo que desconectar completamente no se produjo de manera natural. Ahora me encanta el tiempo de descanso y lo espero con ilusión. No estoy comprometido tan solo intelectualmente; también invierto emocionalmente, y eso me ha permitido mantenerme en el camino.

Todo el mundo lucha para mantenerse en el camino. Ray, el exalumno de Tu Mejor Año que presenté anteriormente, sin duda lo hizo. Año tras año estableció metas de salud y financieras. Mientras tanto, su salud se deterioraba juntamente con sus finanzas. Aunque dirigía un negocio exitoso, gastaba más de lo que ingresaba y terminó con una deuda de consumo de 400.000 dólares. Cuando él me dijo eso, casi me caigo de la silla, pero eso fue solamente el comienzo. Hace unos años atrás, a Ray le diagnosticaron la enfermedad de Parkinson, una enfermedad degenerativa que afecta a su sistema nervioso central. Puede ser terriblemente debilitante.

Ray dijo: "Tengo casi cincuenta años, y me he estado diciendo a mí mismo que algún día voy a salir de la deuda. Algún día voy a ocuparme de mi familia. Algún día voy a tener un fondo de jubilación. Algún día voy a ponerme en forma. Algún día voy a viajar y hacer todas las cosas que le prometí a mi esposa desde el día en que nos casamos. Y de repente tuve que enfrentarme a la realidad de que eso podría no llegar".

Sin embargo, a pesar de lo terribles que son esas circunstancias, Ray encontró su porqué enterrado en su interior. "Finalmente tuve esa llamada de atención en la que entendí que tenía que hacer eso ahora o no lo haría nunca. Y también sabía que mi familia estaba observando. Quería estar al lado de ellos. Quiero estar ahí para la boda de mi hijo. Quiero estar ahí cuando él tenga a mis nietos". Esas razones, junto con el deseo de dejar a su familia libre de deudas y con un negocio próspero, prendieron un fuego en él que le hizo seguir adelante incluso cuando se quedó sin energía. "Cuando sentía la tentación de detenerme o de abandonar, o justificaba por qué no debería hacerlo, después de todo, esas razones me permitían seguir avanzando".

Cuando terminó el año, Ray había perdido más de 50 libras (22 kilos). Su médico quedó sorprendido por su salud. Ray también alcanzó por primera vez la meta de llegar al millón de dólares en beneficios de primera línea para su negocio. Y pagó por completo la deuda de consumo de 400.000 dólares.

CONECTA CON TUS
MOTIVACIONES CLAVE

INTELECTUALMENTE   EMOCIONALMENTE

Podemos saber la razón por la cual un cambio es bueno, pero no cambiaremos a menos que la motivación viva en nuestra cabeza y también en nuestro corazón.

Otra exalumna de Tu Mejor Año, Sundi Jo, también tiene una poderosa historia. En 2009 entró en un programa residencial para dar un giro a su vida. Con la ayuda de terapia y la oración, pudo trabajar en varias experiencias traumáticas que le habían debilitado. "Fue una de las cosas más difíciles y más satisfactorias que he hecho jamás", recordaba ella. Entonces, en 2012, Sundi Jo sintió que Dios le dirigía a comenzar un programa residencial para otras muchachas con necesidad. Al principio se negó. "Dije no unas 175.000 veces diferentes", bromea. "Era demasiado grande para mí. Daba demasiado miedo, y yo no quería hacerlo". Pero sentía que Dios le impulsaba a hacerlo. Cuando la tragedia llegó a la vida de una amiga, entendió que era el momento.

Cada año que Sundi Jo realiza el curso, añade a la visión de Esther's House of Redemption. Comenzó con la meta de dar comienzo a los artículos de incorporación, después al programa de día, y finalmente al programa residencial completo. "Se presentan algunos obstáculos", dijo, "pero recuerdo mi porqué". No tengo palabras para decir cuán emocionado estaba yo cuando ella me dijo que había alcanzado su meta y abrió las puertas del programa residencial.

Lo fundamental: tienes que escribir tus motivaciones. Y tienes que conectar con ellas, no solo con tu cabeza sino también con tu corazón.

¿QUÉ ESTÁ EN JUEGO PARA TI?

Para atravesar la caótica mitad, cuando el progreso parece imposible, encuentra tu porqué. Mira tus metas y pregúntate: *¿Por qué es importante esta meta para mí personalmente? ¿Qué está en juego positivamente y negativamente?* Cuando hayas respondido esas preguntas, te recomiendo que enumeres y organices tus respuestas de modo que puedas encontrar rápidamente tu motivación más atractiva cuando el camino se ponga difícil. La muestra de esquemas de metas al final tienen un lugar concretamente pensado para captar tus motivaciones clave.

Para darte una indicación adicional, en el capítulo siguiente compartiré varias maneras en las que puedes controlar tu motivación, incluso cuando tengas la sensación de que no te queda mucha.

11

PUEDES CONTROLAR TU PROPIA MOTIVACIÓN

Con un talento ordinario y perseverancia extraordinaria,
se pueden lograr todas las cosas.
—THOMAS FOWELL BUXTON

Si no te sientes bastante apasionado desde el principio,
nunca aguantarás hasta el final.
—STEVE JOBS

Mis padres me hicieron tomar lecciones de piano cuando tenía cinco años. En realidad no me gustaba mucho tocar hasta que llegué al noveno grado. De repente, no solo era alguien que toca el piano; era un tecladista de rock and roll en ciernes. Eso marcó toda la diferencia en términos de mi motivación.

Aproximadamente en la misma época comencé a tocar la guitarra. Comencé con la guitarra clásica y entonces, desde luego, comencé a tocar la guitarra eléctrica. Comencé una banda con algunos amigos de la secundaria. Tenía una buena sensación y tacto para el instrumento, pero tenía que aprender escalas y acordes, tenía que memorizar canciones, y un tono para encajar con otros músicos. Al principio conseguimos un sonido que hacía recordar a gatos que maúllan en los callejones, pero fuimos mejorando. Me encantaban Crosby, Stills, Nash, y (a veces) Young, de modo que también seguía tocando la guitarra acústica. Entonces me incorporé a la banda cuando fui a la universidad y aprendí a tocar el bajo.

Durante todo esto experimenté momentos de verdadera frustración. A veces quería abandonar y encontrar algo más fácil. Me alegro de no haberlo hecho. No solo desarrollé mis habilidades, sino que seguir en ello me enseñó algo esencial acerca del logro. Al principio me aferraba a mi esperanza de llegar a ser un dios del rock; entonces tocar cobró significado en sí mismo. Sigo tocando en la actualidad.

Todos hemos visto a personas talentosas, inteligentes y con buena formación tocar fondo y abandonar sus sueños. Se necesita algo más para alcanzar nuestras metas. Llamémoslo perseverancia, persistencia o aguante: es la disposición a seguir adelante cuando las cosas estén mal y nuestro entusiasmo se haya desvanecido. Pensemos en los desarrolladores de tecnología de realidad virtual, tabletas o libros electrónicos. Tras los picos iniciales de interés, todas esas innovaciones se desvanecieron como fracasos; sin embargo, en la actualidad siguen adelante, incluida la realidad virtual, porque personas siguieron trabajando en ellas y mejorándolas. Las líneas de preparación y oportunidad finalmente se unieron, y eso puede suceder también para nosotros si nos mantenemos en el juego.

Al lado de encontrar tu porqué, controlar tu motivación es clave para desarrollar la persistencia necesaria para poder atravesar la caótica mitad. Quiero compartir cuatro maneras clave de hacerlo: encontrar la recompensa adecuada, ser realista acerca del compromiso, ludificar el proceso, y medir tus ganancias.

INTERIORIZAR LA RECOMPENSA

En el capítulo anterior hablé sobre la superioridad de los motivadores intrínsecos. Los motivadores externos pueden funcionar, pero por lo general son menos eficaces a largo plazo, especialmente si perdemos el interés en la recompensa, nos desmotivamos, y nos relajamos antes de ser ni siquiera conscientes de ello. Peor aún, si esas recompensas externas son idea de otra persona, digamos de un cónyuge o un jefe, podemos llegar a sentirnos resentidos por la recompensa si no tenemos cuidado.

Las recompensas intrínsecas nos ayudan a evitar ese peligro porque conectamos personalmente y emocionalmente con ellas. Se podría decir que se justifican a sí mismas; se convierten en un fin por sí mismas, incluso en parte de nuestra identidad. Quiero examinar eso un poco más explorando cómo podemos aprovechar su poder de autoperpetuación.

Estudios de Kaitlin Woolley y Ayelet Fishbach de la Facultad de Negocios Booth de la Universidad de Chicago muestran que tenemos tendencia a valorar más una experiencia cuando estamos en medio de hacerla que cuando la estamos anticipando al principio o recordándola tras el hecho. Pensemos en actividades desafiantes como hacer ejercicio, escribir, o practicar un instrumento musical. La alegría proviene de realizar esas actividades. Estos descubrimientos son importantes, porque la acción misma puede ser su propia recompensa, y las ganancias comienzan cuando comenzamos.[1]

Con el tiempo, podemos entrenarnos a nosotros mismos para anticipar las recompensas a medida que interiorizamos los beneficios. Si comenzamos con una recompensa intrínseca adecuada, como el modo en que nos hace sentir nuestra nueva conducta, de modo natural comenzaremos a esperarla. Esto hace que la recompensa pase de ser un mero incentivo a ser una potente fuente de energía e impulso.[2] Yo lo experimento al correr. Me siento mejor cuando he corrido. Cuando comencé a correr por primera vez, eso era suficiente para hacer que siguiera adelante, pero al haber corrido por tanto tiempo, ahora espero con ilusión ese sentimiento. Lo anticipo, y eso me aviva antes de amarrarme los cordones de los zapatos deportivos.

El dominio de una acción, como tocar la guitarra, finalmente hace que se perpetúe a sí mismo. "Estudios de intérpretes expertos nos dicen que, cuando hemos practicado durante un tiempo y podemos ver los resultados", explican el psicólogo de la Universidad Estatal de Florida, Anders Ericsson y el escritor científico Robert Pool, "la habilidad en sí puede llegar a ser parte de nuestra motivación. Nos enorgullecemos de lo que hacemos, nos agradan los elogios de los amigos, y nuestro sentimiento de identidad

CON EL TIEMPO,

PODEMOS ENTRENARNOS

A NOSOTROS MISMOS

PARA ANTICIPAR

LAS RECOMPENSAS

A MEDIDA QUE

INTERIORIZAMOS

LOS BENEFICIOS.

cambia". La actividad está plenamente interiorizada y se ha convertido en su propia recompensa. Ahora eres un guitarrista, un corredor, o cualquier otra cosa, y mantener la actividad comienza a "sentirse más como una inversión que como un gasto".[3]

Vale la pena, pero dependiendo de la dificultad de la actividad relacionada con la meta, podría requerir un tiempo.

SÉ REALISTA ACERCA DEL COMPROMISO

Por tanto tiempo como puedo recordar, he escuchado que se necesitan veintiún días para formar un hábito nuevo, treinta días como mucho. Si puedes hacer uso de tu fuerza de voluntad durante tres o cuatro semanas, ¡bingo! Lo has logrado. Pero, sin duda, eso no fue cierto para mi carrera. Fueron necesarios muchos más de veintiún días. Estoy seguro de que cualquiera que batalla para formar un hábito nuevo puede identificarse. Todos sabemos que tiene que haber algo más en la historia.

Resulta que la "regla" de los veintiún días es un mito que prácticamente no tiene ninguna base científica. Si estamos intentando hacer algo sencillo y fácil podría funcionar, pero los hábitos complejos o desafiantes requieren mucho más tiempo. Investigadores de University College London siguieron la pista a personas que intentaban formar diferentes tipos de hábitos nuevos. En lugar de tres o cuatro semanas, descubrieron que se necesitaba un promedio de sesenta y seis días para que los nuevos hábitos se volvieran automáticos, más de tres veces la duración popular. Y dijeron que, para algunas actividades ¡sería algo más parecido a 250 días![4]

Es fácil perder tu porqué cuando una meta tarda demasiado tiempo. Podría ser necesario un esfuerzo adicional para superar lo más difícil con tus metas de hábitos. Por fortuna, existen un par de métodos alternativos eficaces. Por ejemplo, podemos aprovechar la motivación de una meta de logro para seguir avanzando con una meta de hábito difícil emparejando logros y hábitos relevantes. Correr seis días por semana quizá no sea lo que te gusta, pero si estás conectado emocionalmente a una meta de logro de, digamos, adelgazar 20 libras (9 kilos) para el 1 agosto, puedes aprovechar esa motivación para que te ayude a levantarte temprano y salir a correr. Si te resulta de ayuda, piensa en los hábitos no como un fin en sí mismos sino como un servicio a los logros más grandes. El hábito sirve esencialmente como el paso siguiente para alcanzar tu meta de logro. Es más fácil mantener el esfuerzo en el tiempo porque tienes tu mirada puesta en el premio más grande.

CADENAS Y JUEGOS

Otro truco es rastrear los periodos de duración. He incluido una herramienta para hacer esto en las muestras de esquemas de metas al final, pero podría ser tan sencillo como una marca en tu calendario. Es bien sabido que Jerry Seinfeld utilizó este sistema para construir su hábito de escribir. La idea era escribir un chiste cada día y marcar en el calendario cada día que escribía. "Después de varios días tienes una cadena", explicaba él. "Simplemente sigue haciéndolo y la cadena será más larga cada día. Te gustará ver esa cadena, especialmente cuando hayan transcurrido unas cuantas semanas. Tu única tarea después es la de no romper la cadena".[5]

Puedes utilizar tu diario o incluir en tu sistema de gestión de tareas una tarea recurrente para lograr lo mismo. Nuestras agendas *Full Focus* también tienen espacio para incluir esas metas de hábito en un calendario en cadena. Cualquiera que sea tu modo de rastrear la duración, el sistema de cadena puede funcionar prácticamente para cualquier hábito.

Puedes establecer la cadena con cualquier objetivo: kilómetros recorridos al día, llamadas de ventas por semana, citas nocturnas con tu cónyuge al mes. Los escritores utilizan con frecuencia objetivos diarios de cantidad de palabras. La humorista Fran Lebowitz estaba viendo escaparates en una ocasión en Sotheby's. Estaba allí para ver muebles, pero alguien que la conocía le preguntó si le gustaría ver un manuscrito original de Mark Twain. ¿A qué escritor no le gustaría verlo? Mientras miraba las páginas, el hombre señaló una curiosidad. Twain había escrito pequeños números en los márgenes. "No sabemos a qué se refieren", admitió el hombre. Como escritora, Lebowitz sí lo sabía. "Resulta que no soy una experta en Twain, pero sí soy una experta en los pequeños números escritos en todas partes", dijo. "Él estaba contando las palabras".

"¡Eso es ridículo!", dijo el hombre.

"Le apuesto cualquier cosa", respondió Lebowitz. "Contemos". Así lo hicieron, y ella tenía razón.

"Seguro que a Twain le pagaban por palabras", supuso el hombre, pero Lebowitz no creía eso.

"Puede que no tenga que ver con que le pagaran por palabras", dijo ella. "Quizá Twain se dijo a sí mismo que tenía que escribir cierta cantidad de palabras cada día y se preguntaba si las había alcanzado. *¿He llegado ya?* Como un niño pequeño en la parte trasera de un auto pregunta: ¿hemos llegado ya?".[6] Es fácil pensar de obras como *Tom Sawyer* y *Huckleberry Finn* en su totalidad, pero comenzaron siendo sueños tan grandes y abrumadores que se convirtieron en realidad un día tras otro de escribir y seguir el rastro a lo largo del camino.

Otra versión de rastrear es ludificar la actividad. En su libro *Get It Done* (Hazlo), Ayelet Fishback describe cómo el juego *Pokémon Go* ayudó a la hija de un amigo, que es diabética, a hacer ejercicio. Su hábito diario de caminar tres kilómetros se estaba quedando estancado y era aburrido. Ella dejó de hacerlo y ya no hacía nada de ejercicio. Sus padres y sus doctores tuvieron que intervenir enseguida con un plan de salud para mantener bajo control su diabetes. Después de descargar el juego *Pokémon Go* por capricho, la hija recuperó su meta diaria de caminar, e incluso aumentó su motivación para hacer ejercicio porque le gustaba el juego. Esta historia no es inusual. Los cálculos catalogan el impacto de *Pokémon Go* en pasos extras dados en los Estados Unidos en 144 mil millones durante el apogeo del juego en el verano de 2016.[7]

Hace un par de años atrás quise cultivar el hábito de la hidratación regular a lo largo del día. Utilicé una aplicación para iPhone llamada Plant Nanny. Me confiaban una planta digital, y cada vez que bebía un vaso de agua y lo registraba en la aplicación, la planta respondía como si la hubiera regado; sin embargo, si no bebía y apuntaba mi consumo de agua en el calendario, la planta se enfermaba y finalmente moría. Parece una tontería, pero yo tenía la intención de mantener viva mi planta. El juego hacía que fuera divertido mantener una duración de noventa días de hidratación. Ahora el hábito está interiorizado, y mantenerme hidratado es su propia recompensa. Tengo más energía; mi pensamiento es mejor, y mi enfoque más agudo. Ludificar la actividad hizo que fuera divertida y me ayudó a mantener el periodo el tiempo suficiente como para instalar el hábito.

Ludificar una meta funciona porque mejora nuestra motivación intrínseca para lograr cosas. Añadamos un elemento como el juego *Pokémon Go* o la app Plant Nanny a la estrategia de "hacerlo divertido". Y la buena noticia es que ludificar una meta puede lograrse sencillamente observando la diversión que nos rodea ya. La hija no necesitó inventar el juego para levantarse y salir por la puerta y caminar. Yo no necesité desarrollar una aplicación para fingir mantener viva una planta digital y así beber más agua. Fishbach, entre muchos otros investigadores, nos alienta a no reinventar la rueda cuando se trata de encontrar un modo de recuperar una meta que tal vez quedó estancada.[8]

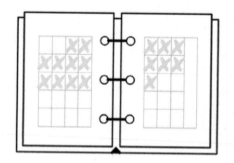

CADENA EN EL CALENDARIO

Cultivar un hábito toma tiempo, y probablemente será más largo de lo que suponemos. Mantener una cadena en el calendario puede ayudarte a mantener el esfuerzo hasta que el hábito esté firmemente establecido.

MIDE LA GANANCIA

Cuando establecemos metas grandes y desafiantes es fácil ver cuánto nos queda por recorrer y perdemos el entusiasmo. Podemos comenzar a criticarnos a nosotros mismos y desalentarnos. Si tu meta es escribir un libro, pagar por completo tu hipoteca, construir tu plan de jubilación, o cualquier otra cosa, puede ser abrumador levantar la vista y darte cuenta de lo mucho que aún te queda por recorrer. Esa es la brecha. Algo que aprendí de Dan Sullivan me ha ayudado a volver a pensar en este problema. Dan habla sobre medir la ganancia, no la brecha.[9]

Por lo tanto, toma un minuto y mira la ganancia. Comprueba cuánto camino has recorrido ya y permite que tu progreso inspire tu perseverancia. Esta es otra razón por la cual es útil fijar hitos. No solo ayudan a dividir la meta grande en pedazos más manejables, sino que también nos dan algo que medir: hacia adelante o hacia atrás. Al medir las ganancias no solo cultivaremos persistencia; también obtendremos una sensación de nuestro impulso.

Ayelet Fishbach ofrece un concepto complementario que ella llama el "principio de área pequeña". Podemos sentirnos motivados mirando hacia delante o hacia atrás durante el progreso de la meta, dependiendo de cuánto progreso hayamos hecho ya. "Según el principio de área pequeña", dice ella, "para mantener la motivación necesitamos comparar nuestra siguiente acción con lo que sea más pequeño: el progreso que ya hemos hecho, o el progreso que nos queda por hacer para alcanzar la meta. Al inicio de perseguir una meta deberíamos mirar atrás a las acciones que ya completamos. Después del punto medio, deberíamos mirar adelante a lo que todavía falta".[10]

Si estás trabajando, por ejemplo en una meta de hábito de caminar diez mil pasos al día, no te quedes en los diez mil al iniciar el día; observa en cambio cómo tu conteo de pasos va aumentando. ¡Ya has llegado a 2.500 pasos! Sin embargo, cuando sobrepasas los cinco mil pasos, será mejor que te enfoques en cerrar la brecha, especialmente cuanto más te acerques a tu meta.

Pensemos también en una meta financiera. Digamos que estás intentando llevar tu fondo para emergencias a los 50 mil dólares. Al principio te enfocarás en hasta dónde llegaste (cinco mil, diez mil, quince mil, etc.); sin embargo, cuanto más te acerques a tu meta, más motivado estarás para cerrar la brecha. Cuarenta mil dólares es mucho, pero no irás más lento cuando llegues a eso si solo te quedan otros diez mil. Los diez mil iniciales podrían haber parecido una gran cantidad, pero los diez mil últimos son relativamente fáciles en comparación, y también emocionantes, debido al progreso que has hecho ya.

Una manera de sostener ese impulso es medir la ganancia en tiempo real. ¿Cómo? En *The 4 Disciplines of Execution* (Las 4 disciplinas de la ejecución), los autores Chris McChesney, Sean Covey y Jim Huling diferencian medidas de avance y de demora.[11] Las medidas de demora miran hacia atrás para determinar dónde has logrado una meta. Pensemos en fechas límite, líneas de meta u objetivos. Por ejemplo, ¿entregaste tu tesis de carrera a tiempo o no? ¿Terminaste la carrera de 10K o no? ¿Perdiste 20 libras (9 kilos) o no? Las medidas de demora son una manera excelente de medir las metas porque están vinculadas a los puntos finales. Pero son únicas; y, por lo general, están muy lejos. Es difícil obtener una sensación de impulso de esa manera.

Las metas de avance funcionan de modo distinto. En lugar de mirar hacia atrás, miran hacia adelante. Miden la actividad que influencia si alcanzaste tu objetivo. Por ejemplo, si llegar a tu meta de ventas es tu medida de demora, entonces hacer llamadas cada semana podría ser la medida de avance. ¿Por qué? Porque esas actividades te permitirán alcanzar tu meta de ventas. Al enfocarnos en las medidas adecuadas, podemos mantener e incluso acelerar nuestro progreso hacia nuestras metas.

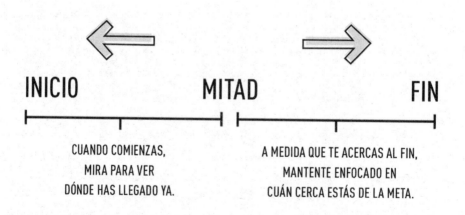

INICIO **MITAD** **FIN**

CUANDO COMIENZAS,
MIRA PARA VER
DÓNDE HAS LLEGADO YA.

A MEDIDA QUE TE ACERCAS AL FIN,
MANTENTE ENFOCADO EN
CUÁN CERCA ESTÁS DE LA META.

Utiliza el principio del área pequeña al inicio y al final de una meta, y especialmente en la mitad, para ayudarte a mantenerte enfocado.

GANANCIAS INCREMENTALES

El éxito se trata de cambio incremental, pero vivimos en una cultura de gratificación instantánea en la que no queremos tener que esperar. Cuando tomamos el control de nuestra motivación, sin embargo, podemos mantenernos en el juego el tiempo suficiente para ver cómo ese cambio incremental suma a los logros importantes. Y podemos hacernos otro favor a nosotros mismos cuando colaboramos con nuestros iguales para alcanzar nuestras metas. Hablaré de eso a continuación.

12

EL VIAJE ES MEJOR CON AMIGOS

Encuentra a las personas más inteligentes
que puedas y rodéate de ellas.
—**MARISA MAYER**

Las personas con quienes nos relacionamos son fundamentales
para nuestro eventual éxito o fracaso.
—**BRADLEY STAATS**

Tras el sorprendente éxito de la novela infantil de J. R. R. Tolkien, *The Hobbit*, en el otoño de 1937 su editor le pidió que escribiera una secuela. El público, escribió, "¡clamará por leer más de lo que escriba sobre los hobbit!". Tolkien al principio no tenía ningún plan de escribir una continuación. "Estoy un poco perturbado", respondió. "No se me ocurre nada más que decir sobre *hobbits*". El asunto podría haber terminado ahí, pero no lo hizo. Tolkien mencionó que había escrito más sobre la Tierra Media, el mundo imaginario en el que se desarrolla *The Hobbit*. Se ofreció a dejar que su editor leyera el material, aunque carecía de la atracción estrella. "Preferiría tener una opinión, aparte de la de Mr. C. S. Lewis y la de mis hijos, de si tiene algún valor en sí mismo... aparte de los hobbits".

Se estaban moviendo los engranajes en la mente de Tolkien. Durante casi dos décadas había estado ajetreado con proyectos de escritura suplementarios y poco interesantes para poder llegar a fin de mes económicamente. Pero ahora, a pesar de no tener un plan real para escribir una secuela, se imaginaba cómo podría desarrollarla. "Debo confesar que su carta ha avivado en mí una ligera esperanza", continuó. "Comienzo a preguntarme si la obligación [la necesidad de dinero] y el deseo [su pasión por las historias que amaba] tal vez (quizá) no vayan más juntas en el futuro".[1]

Podemos oírlo mediante el lenguaje conjetural: aquí al menos estaba su gran oportunidad de contar historias que él amaba y simultáneamente mejorar la situación económica de su familia. Tolkien sabía que esa era una oportunidad transformadora. Lo único que tenía que hacer era escribir otra novela, preferiblemente con más hobbits. Fácil, ¿cierto? Eso parecía en un principio. Para Navidad terminó el primer capítulo de la secuela. ¡Estaba en el camino! Pero entonces transcurrió la vida.

Distracciones personales, obligaciones profesionales, y crisis de salud parecieron amontonarse y evitar que realizara ningún progreso. Varias veces abandonó el trabajo de ese proyecto. "No tengo idea alguna de qué hacer con él", admitió.[2] Al leer sus cartas, podemos detectar un patrón familiar en forma de zigzag. Él pasaba de sentirse seguro de sí mismo y cerca de terminar, a quedarse sin inspiración y energía para terminar el proyecto. En cierto momento dijo que su "labor de deleite" ha quedado "transformada en una pesadilla".[3]

Digo que es familiar porque todos hemos experimentado algo parecido cuando hemos perseguido metas importantes. La motivación y la confianza ondulan como si fueran ondas. Por lo tanto, ¿cómo venció Tolkien las distracciones y el desaliento para terminar *El Señor de los anillos*, uno de los libros de mayor venta del siglo XX? La respuesta regresa al principio con el amigo de Tolkien, C. S. Lewis.

¡En varios momentos críticos, Lewis alentó a Tolkien a continuar con el proyecto cuando él se había dado por vencido. "Solamente mediante su apoyo y amistad seguí luchando para terminar la labor", dijo Tolkien en 1954 cuando comenzaron a llegar las primeras reseñas.[4] Más de una década después, él seguía dando el mérito enseguida a Lewis por su apoyo:

> La deuda impagable que le debo fue... mero aliento. Por mucho tiempo él fue mi única audiencia. Solamente de él tuve la idea de que mi "contenido" podía ser algo más que un pasatiempo privado. Pero, si no hubiera sido por su interés y su deseo incesante de más, yo nunca habría llevado a una conclusión *El Señor de los anillos*.[5]

Tolkien tenía una meta descomunal, y nunca la habría visto terminada sin la ayuda de su amigo. Nos guste o no, estamos en la misma barca.

EL ÉXITO ES TU CÍRCULO SOCIAL

Tenemos un mito muy poderoso en nuestra cultura: el mito del hombre o la mujer hechos a sí mismos. Pero seamos sinceros. No existe tal cosa.[6] El éxito requiere ayuda, y por lo general mucha ayuda. Es imposible descartar la influencia de nuestro círculo social. Por eso Salomón subraya tanto las amistades en el libro de Proverbios. "Hierro con hierro se aguza; y así el hombre aguza el rostro de su amigo", dice en un lugar.[7] Él también advirtió sobre las relaciones negativas: "No te entremetas con el iracundo, ni te acompañes con el hombre de enojos, no sea que aprendas sus maneras, y tomes lazo para tu alma".[8]

Nuestros iguales importan. "Especialmente cuando se trata de la automejoría, como perder peso o superar una adicción, necesitamos la energía de una comunidad para mantenernos en el programa de un modo que nos impulse", dice el psicólogo Henry Cloud. "La investigación ha mostrado que, si estamos en una comunidad que está buscando una vida sana o venciendo algo difícil, nuestras oportunidades de éxito aumentan... La energía positiva es contagiosa".[9]

Al ser intencionales desde un principio, podemos dirigir esa energía positiva y viral hacia nuestro mejor año. Por lo general, derivamos hacia grupos de iguales. Podrían ser socios del trabajo, la escuela de nuestros hijos, la iglesia, o cualquier cosa. Lo importante a observar es cuán frecuentemente esas relaciones sencillamente suceden. No son intencionales. Pero

EL ÉXITO REQUIERE

AYUDA, Y POR

LO GENERAL

MUCHA AYUDA.

si hierro con hierro se aguza, deberíamos ser cuidadosos con respecto al tipo de filo que otros nos están proporcionando.

En lugar de relaciones al azar, podemos crear comunidades que ayuden a todos los implicados a lograr juntos sus metas, como Lewis y Tolkien.

Nadie tiene la fortaleza para vivir en soledad. Seamos sinceros: como mínimo, es tarea de dos personas. Tenemos una mejor oportunidad de completar nuestras metas cuando trabajamos con otros.

Estas relaciones intencionales no tienen precio al menos en cuatro áreas. En primer lugar, *aprendizaje*. Estar conectado con un buen grupo puede acelerar tu aprendizaje, proveer perspectivas clave, ayudarte a encontrar recursos importantes, y enseñarte mejores prácticas. La investigación muestra que estar con otros aumenta nuestra capacidad de aprender. Cuando estamos rodeados de conocimiento nuevo, tenemos mayor probabilidad de "aprender y actuar de acuerdo a ese conocimiento", según Bradley Staats. Nuestro procesamiento de la información es mejor también cuando estamos con otros. Staats dice: "No solo podrían compartir información con nosotros, sino que también podemos resolver problemas conjuntamente".[10]

Aliento. Ya sea en los negocios, la vida familiar o nuestro viaje de fe, nuestras metas pueden parecer imposiblemente difíciles de alcanzar. Una buena presión de grupo puede darnos la validación y el apoyo que necesitamos para seguir adelante y elevarnos por encima de las tempestades.

188 TU MEJOR AÑO

Rendir cuentas. Necesitamos personas que puedan hablar a nuestras vidas y ayudarnos cuando nos estamos desviando del camino. Tener a las personas adecuadas es esencial para esto. Sabemos que Edmund Hillary no habría escalado el Monte Everest sin la ayuda de su sherpa, Tenzing Norgay. Mientras que Hillary recibió la mayor parte del reconocimiento, Norgay estuvo a su lado, haciendo que continuara cuando las cosas se pusieron difíciles. Nunca lo habrían logrado el uno sin el otro.

Competencia. Recuerda por el Paso 1 que quienes piensan en abundancia no se ven amenazados por la competencia e incluso tienden a valorarla. ¿Por qué? La presión social es una fuerza real y con frecuencia beneficiosa para alcanzar nuestras metas. Investigadores de la Universidad de Pennsylvania compararon cuatro grupos de personas que hicieron ejercicio durante diez semanas. En uno de los grupos, los individuos hacían ejercicio en solitario. En otro, se ejercitaban con apoyo social. En un tercero, las personas hacían ejercicio de modo competitivo como individuos. En un cuarto, lo hacían de modo competitivo como equipos. Los dos últimos grupos pudieron comparar marcadores con otros participantes, mientras que los primeros no pudieron hacerlo. ¿Los resultados? Los dos grupos competitivos rindieron casi *dos veces mejor* que los grupos no competitivos, incluso cuando el grupo no competitivo tuvo apoyo social.[11]

Y desde luego que no se trata solamente de lo que tú consigues. Puedes ofrecer el mismo aprendizaje, aliento, rendir cuentas y presión competitiva a otros en el grupo. Esto significa que tienes que compartir tus metas selectivamente con el tipo de personas que puedan ayudarte a alcanzarlas.

Notemos que dije *selectivamente.*

ESCOGE TU CÍRCULO SABIAMENTE

Sinceramente, yo no siempre creí eso. Solía compartir mis metas con cualquiera que quisiera escuchar. De hecho, incluso las escribía en mi blog para que todo el mundo las viera. Entonces escuché a Derek Sivers, el fundador de CD Baby, hablar en una conferencia TED. "Las pruebas psicológicas repetidas han demostrado que decirle a alguien cuál es tu meta hace que sea menos probable que suceda", dijo.[12] ¿Por qué? Porque tu cerebro experimenta el mismo sentimiento de satisfacción que si realmente la hubieras alcanzado. Trabaja en tu contra. Pero yo sabía que esa no podía ser la historia completa, ¿o sí?

Regresé al trabajo de Gail Matthews. Según su investigación, las personas que escriben sus metas y las comparten con amigos que les apoyan rinden mejor que quienes las mantienen en privado. ¿Cómo podían reconciliarse estas perspectivas aparentemente contradictorias? De este modo: compartimos nuestras metas, pero no con todo el mundo. En cambio, las compartimos selectivamente con amigos que nos apoyan, con personas que entienden el proceso de establecer metas, personas que están dispuestas a hacernos rendir cuentas, personas que están dispuestas a llamarnos la atención cuando estemos poniendo excusas, personas que pueden alentarnos y vigorizarnos cuando llegamos a la caótica mitad.

El clásico ejemplo para esto es Alcohólicos Anónimos. Charles Duhigg investigó el éxito de la organización para su libro *The Power of Habit* (El poder del hábito). Como señalé en el Paso 1, la creencia en la posibilidad de estar sobrio marca la diferencia entre el éxito y el fracaso. Pero esa creencia es hecha posible por la dinámica del grupo de apoyo. "En cierto momento, las personas en AA miran alrededor de la sala y piensan: *Si funcionó para ese tipo, supongo que puede funcionar para mí*", le dijo un investigador a Duhigg. "Hay algo realmente poderoso en los grupos y las experiencias compartidas".[13]

Duhigg profundizó más en esta línea de pensamiento, señalando varios ejemplos donde estar "integrado en grupos sociales" condujo al cambio y la transformación personal. Una mujer comparó incorporarse a un grupo con abrir la tapa de la caja de Pandora, en un buen sentido. Tras unirse al grupo y mejorar su perspectiva, ya no había vuelta atrás. "Ya no podía tolerar más el estatus quo", dijo. "Había cambiado en mi interior". Duhigg resumió sus hallazgos: "La creencia es más fácil cuando se produce dentro de una comunidad".[14]

Uno de mis exalumnos de Tu Mejor Año, Scott, representa el poder de nuestros iguales. Después de alcanzar sus metas exitosamente, dijo: "Ha sido estupendo poder hacer esto con algunos amigos que caminaron a mi lado y me alentaron a lo largo del camino". Y el beneficio se produjo en más de un sentido. "He podido ayudarlos a ellos también", dijo. Scott y sus amigos crearon una hoja de metas compartidas en Google y regularmente comprueban cómo les va. "Mi mayor consejo es hacer participar a otros", dijo él. "Eso ha sido lo más eficaz para mí: que otros me vigilen y también tener a otros ante quienes poder rendir cuentas. Vale la pena sin ninguna duda".

Las personas adecuadas sirven como una estructura de apoyo para nuestras verdades liberadoras. Nos ayudan a mantener nuestra creencia y compromiso cuando llegamos a la caótica mitad. El problema principal es la composición de la comunidad y las creencias que tienen en común. Si te rodeas de personas que piensan escasamente, batallarás para mantenerte motivado en la búsqueda de tus metas. Por otro lado, si te rodeas de personas que piensan en abundancia, obtendrás acceso a recibir aliento, apoyo emocional y material, soluciones, perspectivas, y mucho más.

Las ideas no solo surgen de la nada; por lo general son el producto de conversaciones. Cuando estamos con las personas adecuadas, establecemos conexiones mejores y más útiles entre pensamientos y generamos enfoques nuevos e innovadores de nuestros retos. Como dice el economista Enrico Moretti. "Estar rodeados de personas inteligentes tiende a hacernos más inteligentes, más creativos, y finalmente más productivos. Y, mientras más inteligentes sean las personas, más fuerte es el efecto".[15]

Comencé este capítulo mencionando a Tolkien y Lewis. Otras parejas creativas demostraron una dinámica similar. La relación de Paul McCartney y John Lennon era a veces competitiva, y otras veces era colaborativa. Pero, en cualquiera de los casos, no podrían haber logrado lo que hicieron sin tenerse el uno al otro.[16]

¿QUÉ GRUPOS FUNCIONAN MEJOR?

Estos grupos de iguales pueden adoptar diferentes formas y configuraciones dependiendo de cuán íntimos deseamos que sean. A continuación tenemos algunos ejemplos de distintos grupos que podrían funcionar para ti.

Comunidades en el Internet. Estoy orgulloso de la comunidad que mis lectores y quienes escuchan mi podcast nos han ayudado a construir en FullFocus.co. Es una fuente de información y de aliento para miles de emprendedores y líderes de alto rendimiento, incluido yo mismo. Lo mismo es cierto para las comunidades privadas en Facebook que hemos creado para nuestra agenda *Tu Mejor Año*. Los avances y las transformaciones que vemos cada semana en las vidas de los participantes son emocionantes. Cualesquiera que sean tus metas escogidas, hay grupos como esos que pueden ayudarte a llegar a la línea de meta.

Grupos de carreras y de ejercicio. Puedes conectar con una comunidad existente uniéndote a una clase de ejercicios o a un club de carreras. Cuando yo corrí mi primera media maratón me entrené solo, pero la segunda y tercera vez quise tener el beneficio de entrenar con un grupo. Mi hija Megan organizó un equipo para correr a favor de una organización local sin fines de lucro. Durante cuatro meses antes de la carrera, aproximadamente unas treinta personas nos reuníamos los sábados en la mañana para correr. La mayoría de las comunidades tienen algo parecido. Y, si no hay ninguna en tu zona, ¿por qué no comenzar una tú mismo?

Mentes maestras. Estos grupos de coaching de igual a igual son una manera clave de aprender mejores prácticas, obtener retroalimentación sobre retos, y escuchar cómo otros ya han cruzado los obstáculos que tú enfrentas. Estos grupos funcionan mejor para compartir entre personas que han alcanzado grandes logros en sus campos y se sienten cómodos al compartirlos con otros. Yo he participado en varios a lo largo de los años y he experimentado beneficios inmensos hacia mis metas personales y profesionales.

Círculos de coaching o mentoría. Todo el mundo necesita una guía, preferiblemente muchas. Los mentores comparten su experiencia y madurez para aconsejarnos, inspirarnos y desafiarnos, ya sea en persona o virtualmente. Yo pertenezco a un grupo como este en la actualidad como participante; y he dirigido varios grupos de mentoría a lo largo de los años, y más recientemente en mi programa de coaching de negocios, juntando a jóvenes profesionales para crecer al experimentar algunos de los momentos más desafiantes y emocionantes de la vida. El truco está en comprender que todos estamos juntos en el viaje, y algunos ya han visto o experimentado lo que tú estás atravesando ahora. El modo más rápido de mejorar y crecer es hacerlo juntos, aprendiendo de quienes están un poco más por delante de nosotros en el camino.

Grupos de lectura o de estudio. Hay tanto que aprender sobre la vida, la fe, la familia y los negocios, que algunas veces la mejor manera es reunir a un grupo de personas en torno a una mesa y estudiar juntos un libro sobre el tema. El libro le da al grupo una pista donde correr, y la química adecuada entre los miembros puede crear conversaciones que lleguen más allá del libro en sí.

Grupos para rendir cuentas. Hay algunos grupos muy formales para rendir cuentas como AA o la Sociedad Samson,[17] pero también pueden ser más informales, como Scott y sus amigos. La idea aquí es que se invita a los miembros a hablar a las vidas de los demás, por lo general en torno a un conjunto de luchas predefinidas, para alentar y desafiar cuando sea necesario.

Amistades cercanas. Nada sustituye a las buenas amistades. La relación de Lewis y Tolkien continuó durante años, e incluso cuando estuvo tensa siguió siendo beneficiosa para ambos. Sin saberlo Tolkien, Lewis incluso recomendó *El señor de los anillos* al Comité del premio Nobel para su deseado premio en literatura. No ganó, pero ese es el tipo de creencia que tenía Lewis en el trabajo de su amigo. He descubierto lo mismo entre mis propios amigos. Es fácil poner el trabajo o la familia por delante de este tipo de relaciones, pero las buenas amistades son como apoyos que sostienen otras áreas de nuestra vida. Y cuando un amigo entiende nuestros sueños y metas, puede hacer mucho más que la mayoría para apoyarnos cuando batallamos para mantenernos motivados.

NO LAS DEJES PASAR

Las relaciones intencionales nos hacen más productivos, creativos y útiles de lo que podríamos ser jamás nosotros solos. Si eres como yo, construir estas relaciones puede ser todo un reto. Las demandas profesionales y familiares, especialmente las más íntimas e intensivas, pueden interferir fácilmente en la construcción y el mantenimiento de este tipo de grupos. Pero, si esperas experimentar tu mejor año, ¡no las dejes pasar! También pueden beneficiar tu vida profesional y familiar de maneras tan grandiosas que puede que nunca seas capaz de medirlas.

PASO 4

PLAN DE ACCIÓN

1. CONECTA CON TU PORQUÉ

Comienza identificando tus motivaciones clave. ¿Por qué quieres alcanzar tu meta en un principio? ¿Por qué es importante personalmente? Consigue un cuaderno y enumera todas las motivaciones clave. Pero no solo las enumeres, priorízalas. Querrás tener las mejores razones en lo más alto de tu lista. Finalmente, conecta con esas motivaciones intelectualmente y emocionalmente.

2. DOMINA TU MOTIVACIÓN

Hay cinco maneras clave para mantenerte motivado a medida que alcanzas tus metas:

1. Identifica tu recompensa y comienza a anticiparla. Finalmente, la tarea en sí misma puede convertirse en su propia recompensa de este modo.

2. Reconoce que instaurar un nuevo hábito probablemente tomará más tiempo que solo unas semanas; incluso podría tomar cinco o seis meses. Establece tus expectativas en consecuencia.

3. Ludifica el proceso con una aplicación para hábitos o una cadena en el calendario.

4. Como me enseñó Dan Sullivan, mide las ganancias. Reconoce el valor de las ganancias incrementales.

5. Cuando hayas pasado la mitad, toma energía por cerrar la brecha. ¡Casi has llegado!

3. CONSTRUYE TU EQUIPO

Casi siempre es más fácil alcanzar una meta si tienes amigos en el viaje. Las relaciones intencionales proveen cuatro ingredientes esenciales para el éxito: aprendizaje, aliento, rendir cuentas y competencia. Hay al menos siete tipos de relaciones intencionales que pueden ayudarte a crecer y alcanzar tus metas:

+ Comunidades en el Internet

+ Grupos de carreras y ejercicio

+ Mentes maestras

+ Círculos de coaching y mentoría

+ Grupos de lectura y estudio

+ Grupos para rendir cuentas

+ Amistades cercanas

Si no puedes encontrar un grupo que necesitas, no esperes. Comienza uno tú mismo.

HAZ QUE SUCEDA

Al comienzo de la Guerra Civil, pocas carreras militares se veían tan brillantes como la del General George B. McClellan. Una serie de victorias tempranas no solo le granjearon el apodo de "Napoleón de la República americana", sino que también lo catapultaron hacia la atención de líderes en Washington. Lincoln pronto lo ascendió a comandante del ejército del Potomac y, más adelante, a primer general al mando del Ejército Unionista.

El Norte estaba emocionado de tener al timón a McClellan. "Las tropas… bajo McClellan serán invencibles", dijo el *Philadelphia Inquirer* ante la noticia de su ascenso.[1] Pero el entusiasmo no duró mucho tiempo. El nuevo comandante pasó enseguida a entrenar a sus hombres pero dudó cuando llegó el momento de atacar al enemigo. McClellan estaba constantemente organizando y preparando. Según él, el ejército nunca estaba preparado del todo. Toda su planificación y preparación significó muy poca acción, demasiado tardía para causar ningún bien.

El fracaso de McClellan a la hora de detener al general Robert E. Lee en Antietam fue culpa directa de su renuencia. "Contra un enemigo al que superaba por más de dos a uno, George McClellan se dedicó a no perder en lugar de ganar", dice el historiador Stephen Sears. "Tampoco se atrevió a reanudar la batalla al día siguiente".[2] McClellan se quedó donde estaba cuando debería haber avanzado. En cierto momento, es sabido que Lincoln escribió a McClellan: "Si no quiere utilizar el ejército, me gustaría tomarlo prestado por un tiempo".

Parte del problema de McClellan era que regularmente sobrestimaba el tamaño del enemigo. Mientras más abrumador se hacía el enemigo en su mente, menos confianza mostraba él en el campo. Finalmente perdió la confianza de Lincoln, desaprovechó su oportunidad, prolongó la guerra, y eso costó las vidas de cientos de miles de soldados a ambos lados del conflicto.

McClellan demuestra una verdad clave cuando se trata de experimentar nuestro mejor año: establecer la meta es solamente la mitad de la tarea. La otra mitad es emprender una acción decisiva. Pero ¿cómo hacemos eso exactamente? De eso hablaremos en el último paso. No es suficiente con soñar y planear. Alcanzar nuestras metas requiere acción. Veamos cómo.

13

UN VIAJE SON MUCHOS PASOS

Los sueños y la realidad son contrarios. La acción los sintetiza.
—**ASSATA SHAKUR**

Lo grandioso no sucede solamente mediante el impulso,
y es una sucesión de pequeñas cosas que se unen.
—**VINCENT VAN GOGH**

Comenzamos este libro con el Monte Everest. Es una metáfora perfecta para las metas que queremos alcanzar. Otra imagen que viene a mi mente es el edificio Empire State.

Párate en el costado y mira su altura hacia arriba. Es inmenso. El techo alcanza casi un cuarto de milla por encima del suelo (más de 1.200 pies), y el edificio llega a los 1.400 pies. No lo llaman rascacielos por nada. Al estar en la base del edificio, no puedes ver realmente la cima.

Nuestras metas pueden parecernos lo mismo. Puedes imaginar el fin pero no puedes verlo desde aquí. La inmensidad de la tarea puede drenar nuestra valentía y minar nuestra confianza. Digamos que establecemos una meta ambiciosa que está claramente en la zona de incomodidad. No es posible que podamos alcanzarla en un solo intento. Y mientras reflexionamos en la dificultad de la tarea, podríamos sucumbir a dudas de poder lograrlo alguna vez. No somos Superman, "capaces de escalar sobre edificios altos de un solo salto". Sin embargo, *podemos* hacerlo en varios saltos.

Las personas regularmente llegan a la cumbre del edificio Empire State todo el tiempo. De hecho, se puede ir por las escaleras. Hay 1.576 peldaños hasta la cubierta de observación, y corredores compiten regularmente para ver quién puede llegar el primero. Si eres rápido, puedes hacerlo en diez o doce minutos. Piénsalo. Nadie puede llegar hasta lo alto de un rascacielos de un solo salto, pero tomarlo un paso cada vez puede hacer que cruces la línea de meta.

John Korff ha participado nueve veces en la competición de ascenso del edificio Empire State. Después de una sustitución de cadera hace unos años atrás y algunos problemas de rodilla, el empresario de setenta y un años, promotor deportivo, y excorredor de ultramaratones, se vio forzado a caminar en su viaje más reciente hasta lo alto. Pero lo hizo, y cuando se trata de nuestras metas, nosotros también podemos hacerlo si seguimos la misma estrategia: dar un paso cada vez.[1] A continuación veremos cómo comenzar.

EL ARTE DEL INICIO

Todo el tiempo conozco a personas que se quedan atascadas en la planificación y la preparación. Les gustaría lanzar un nuevo producto, encontrar otro empleo, escribir su primer libro, pero parece que no pueden apretar el gatillo. Como el General McClellan, se sienten inseguros y poco preparados, de modo que emplean su tiempo en soñar, investigar y planificar. No me malentiendas. Los planes de acción detallados son estupendos: si estás construyendo un submarino nuclear. Sin embargo, para la mayoría de las metas que tú y yo estableceremos, la planificación detallada se convierte fácilmente en una buena manera de posponer las cosas.

En esta etapa del partido, el aspecto más importante de hacer que suceda es practicar el arte del inicio. No tienes que ver el fin desde el principio. De hecho, *no puedes* hacerlo si tu meta es lo bastante grande. Y la buena noticia es que no necesitas hacerlo. Nadie tiene que ver la cima del edificio Empire State desde abajo para llegar hasta allí. Lo único que tienes que ver es el paso siguiente.

Cualquier meta es manejable si se realiza una acción cada vez. Pero, como McClellan, cuando permitimos que la tarea crezca y se convierta en algo abrumador en nuestra mente, puede dejarnos sintiéndonos indecisos, desalentados, e incluso paralizados por el pánico.

¿Cuál es la alternativa?

REALIZA PRIMERO LA TAREA MÁS FÁCIL

Hace años escuché a un conferencista motivacional alentar a su audiencia a "comerse esa rana". Esa frase tiene una larga historia.[2] Y tiene sentido a su propia manera: deja de posponer las cosas y haz aquello que temes. Cuando haces eso, todo lo demás es fácil. Aunque puede que sea útil para vencer la postergación, es exactamente lo contrario para grandes metas y proyectos. En cambio, deberías abordar primero tu tarea más fácil.

He escrito varios libros, y el modo en que lo hago es casi siempre el mismo. Comienzo primero con la tarea más fácil. Escribo la página del título, la dedicatoria, y la tabla de contenidos. Después pienso en los capítulos, escojo el capítulo más fácil y abordo ese en primer lugar. Un libro parece una tarea abrumadora, pero un capítulo es factible, especialmente si es el más fácil. Cuando lanzo un nuevo producto, creo un nuevo curso, o emprendo cualquier tarea importante, actúo de la misma manera.

Aunque deberíamos establecer metas en la zona de incomodidad, el modo de abordar una meta es comenzar con una tarea que esté en nuestra zona de comodidad. Existen al menos tres razones para encabezar tu lista de tareas con puntos fáciles, comenzando con *movimiento*. El primer paso en cualquier proyecto es por lo general el más difícil; sin embargo, cuando comienzas con los pasos fáciles, bajas el umbral para emprender la acción. Es así como engañas a tu cerebro para que comience.

OBTENER

ALGUNAS GANANCIAS

RÁPIDAS MEJORA

TU ÁNIMO.

En segundo lugar, *emoción*. Obtener algunas ganancias rápidas mejora tu ánimo. Según los investigadores Francesca Gino y Bradley Staats: "Terminar tareas triviales e inmediatas realmente mejora tu capacidad de emprender cosas más difíciles e importantes. Tu cerebro libera dopamina cuando alcanzas tus metas. Y como la dopamina mejora la atención, la memoria y la motivación, alcanzar incluso una meta pequeña puede dar como resultado un bucle positivo de retroalimentación que hace que estés más motivado para trabajar más duro al avanzar".[3] Eso es exactamente lo que sucede en mi caso. Mi nivel de emoción aumenta mientras trabajo, y lo mismo sucede con mi confianza.

En tercer lugar, ímpetu. Comenzar y sentirte bien con respecto a tu progreso significa que es fácil crear ímpetu, al igual que yo hice con mi manuscrito. Gino y Staats dicen que marcar puntos en tu lista libera energía mental y emocional para enfocarte en otros proyectos. También podrías descubrir que los puntos más difíciles se vuelven más fáciles a medida que avanzas.

Igualmente es cierto lo contrario. Cuando comienzas primero con los proyectos más difíciles, puedes agotar tu energía mental y emocional. Ahora vas más lento, y sigues mirando un puñado de pequeñas tareas en tu lista de quehaceres. De repente, lo fácil parece difícil. Es un asesino de ímpetu. Te arriesgas a quedar desalentado y tirar por la ventana toda esa meta. Es como cuando yo entro en el gimnasio, y mi entrenador dice que vayamos a la banca y levantemos 150 libras (65 kilos) sin haber calentado. Eso sería estúpido. Primero es necesario calentar los músculos. De eso se trata un paso siguiente en tu zona de comodidad.

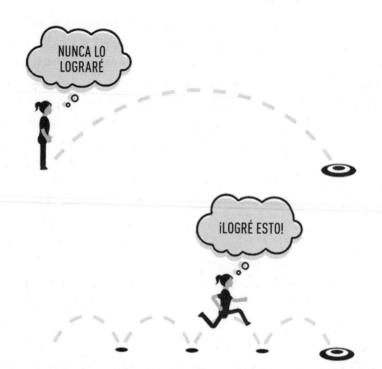

Las grandes metas son inherentemente abrumadoras. Si no tienes cuidado, puedes permitir que eso te desaliente. ¿La solución? Establece metas en tu zona de incomodidad, pero divídelas en una serie de pasos más pequeños dentro de tu zona de comodidad.

Tomemos el ejemplo de estar en forma. Digamos que has establecido la meta de correr una media maratón este año. Esa meta está en tu zona de incomodidad, y no estás seguro exactamente de cómo lograrla. Quizá ya has intentado un reto físico como ese y fracasaste. No permitas que el tamaño del sueño sea su propia muerte. En lugar de preocuparte por cómo tener éxito, comprométete a una acción siguiente fácil, como llamar a un entrenador.

Estamos contemplando una tarea discreta. Básicamente quieres situar el estándar tan bajo, que puedes tropezarte con él. Entonces, cuando esa tarea se ha realizado, puedes establecer la siguiente. No me importa qué tan grande sea la meta; puede alcanzarse si vas paso a paso. La muestra de esquemas de metas al final del libro tienen espacio para dividir tus metas grandes en pasos siguientes.

¿Y si tu siguiente paso parece inseguro? No lo taches. Sencillamente prueba con algo y no te preocupes si es incorrecto. Puede que la meta sea arriesgada, pero la acción siguiente no lo es. Estás dando el paso, pero no muy lejos. Si no funciona, simplemente da un paso más.

Sigamos con el ejemplo de correr. Digamos que llamas y no puedes localizar a un entrenador. Vaya. Ahora intenta escribir en Facebook y comprobar si algún amigo tiene una recomendación. Tal vez haya un club local de corredores al que puedas unirte para entrenar. Cualquiera que sea la situación, prueba con algo, y si te quedas atascado entonces prueba con otra cosa. A veces tienes que intentar varias cosas distintas antes de que una de ellas funcione.

BUSCA AYUDA EXTERIOR

A veces no podemos simplemente llegar a un paso siguiente porque no somos conscientes de nuestras opciones y no sabemos lo que es necesario para hacer el progreso que queremos. La buena noticia es que para casi todas las metas que queremos alcanzar hay alguna otra persona que sabe cómo llegar hasta allí, o al menos que tiene una mejor impresión que tú. Puede que sea un amigo, un compañero de rendimiento de cuentas, o un profesional. No tienes que comenzar desde cero.

Hace unos años atrás yo batallaba realmente con el entrenamiento de fuerza. Había estado corriendo durante años, pero trabajar con pesas puede ser difícil si lo haces solo. Yo había hecho entrenamiento de fuerza en otro periodo de la vida, pero esta vez no podía hacer ningún progreso. Sencillamente no podía reunir la motivación necesaria para comenzar. "Estoy atascado", le dije a un amigo. "He tenido esto en mi lista de metas durante los dos últimos años y no he realizado mucho progreso". Él dijo: "Mike, necesitas incorporar un recurso exterior. Llama a un entrenador". Quise darme una bofetada en la frente porque aquello era muy obvio, pero yo no lo había pensado.

Debería haber sido más inteligente. Después de todo, cuando decidí aprender fotografía, encontré un curso. Cuando quise aprender a tocar la guitarra, contraté a un profesor de guitarra. Cuando decidí aprender la pesca con mosca, encontré un manual. No había ninguna diferencia aquí;

por lo tanto, tras la conversación con mi amigo contraté a un entrenador y comencé a trabajar con él tres veces por semana. De repente, obtuve ímpetu y comencé a experimentar resultados positivos

Los recursos externos son casi siempre útiles para encontrar el paso siguiente correcto y acelerar tus logros. Y la ayuda exterior puede aparecer vestida de muchos disfraces. No tiene que ser un entrenador profesional. Podría ser un libro, un artículo o un podcast. Podría ser un amigo o alguien en la iglesia. Cualesquiera que sean tus recursos, apuesto a que puedes encontrar la ayuda que necesitas para hacerte salir del estancamiento y ponerte en movimiento.

Si no estás seguro de cómo mover la aguja en tu matrimonio, el lanzamiento de tu nuevo negocio, escribir un libro, restaurar tu relación con tu hijo adolescente, ahorrar para la jubilación, o cualquier otra cosa que hayas decidido hacer, tengo buenas noticias: hay alguien ahí afuera que ya ha estado en esa montaña. Incluso si tu cumbre es diferente a la de esa persona, aun así podrá ayudarte. Existe una persona que sabe qué hacer, incluso si tú no lo sabes. Tu paso siguiente podría ser tan fácil como buscar en Google para encontrar a esa persona.

COMPROMÉTETE A ACTUAR

Ya sea que determines tú mismo tu siguiente paso o recurras a ayuda externa, a continuación necesitas programarla y comprometerte a actuar. Si no llega a estar en tu agenda *Full Focus*, en tu calendario o en cualquier lista de tareas que uses, probablemente no va a suceder. Nunca encontrarás tiempo en las horas que quedan del día para alcanzar tus metas. Tienes que hacer tiempo para eso. Tienes que hacer que sea una prioridad y mantenerla como si fuera una cita, igual que harías con cualquier otra persona.

Existe una gran diferencia entre decir "Voy a intentar lograr que suceda algo" y "Voy a hacer que suceda algo". Lo primero es casi como decir: "Voy a intentarlo. Si funciona, estupendo. Pero no voy a comprometerme plenamente hasta que vea el resultado final".

El problema es que no sucederá hasta que te comprometas plenamente. De hecho, los investigadores han descubierto que cuando creamos planes de respaldo, podemos reducir nuestras posibilidades de alcanzar nuestra meta original. La mera existencia de un plan B puede minar el plan A. ¿Cómo? Podríamos dividir nuestras energías o conformarnos con la segunda opción demasiado pronto.[4]

El escalador escocés W. H. Murray lo expresa del siguiente modo: "Hasta que la persona se comprometa, hay vacilación, la oportunidad de retirarse, siempre la ineficacia. Con respecto a todos los actos de iniciativa y creatividad, existe una verdad elemental... que en el momento en que uno se compromete definitivamente, entonces la Providencia también se mueve. Suceden todo tipo de cosas para ayudar a esa persona que de otro modo nunca habrían sucedido. Toda una serie de eventos surge de la decisión, situándose en favor de ella en todo tipo de incidentes, reuniones y asistencia material no previstos, que ningún hombre podría haber soñado que llegarían a su camino".[5]

LA OTRA MITAD DE LA TAREA

El General McClellan tenía la seguridad de que su meta era importante. "Dios ha puesto en mis manos un gran trabajo", dijo cuando se hizo cargo del ejército del Potomac. "Mi vida previa parece haber estado dirigida sin saberlo hacia este gran fin".[6] Pero se quedó estancado. Y eso puede sucedernos a cualquiera de nosotros.

Una gran meta es solamente la mitad de la ecuación. Si esperas experimentar tu mejor año, debes pasar a la acción. El capítulo 14 muestra un método práctico de rastrear los pasos siguientes para alcanzar metas, y el capítulo 15 proporciona un método para emprender la acción eficaz en las metas de hábito.

14

LA VISIBILIDAD ES ESENCIAL

Es bueno repetir y repasar lo que es bueno
dos y tres veces.
—PLATÓN

Planear es traer el futuro al presente para así poder hacer
algo al respecto ahora.
—ALAN LAKEIN

El General "Jimmy" Doolittle es más recordado por sus redadas de bombardeos sobre Tokio solamente cuatro meses después del ataque sorpresa sobre Pearl Harbor, pero la contribución más significativa de Doolittle a la aviación se produjo muchos años antes.

En 1922 se convirtió en el primer piloto que voló cruzando los Estados Unidos en menos de veinticuatro horas. Había hecho planes de volar a la luz de la luna, pero fuertes tormentas lo mantuvieron en total oscuridad durante varias horas muy peligrosas. Por fortuna, tenía instalado en su avión un indicador de giro e inclinación. "Aunque había volado casi durante cinco años 'por intuición' y consideraba que había conseguido cierta destreza en ello, este vuelo en particular me hizo un firme creyente en la instrumentación adecuada para volar con mal tiempo", dijo Doolittle.[1] Volar con instrumentos era algo nuevo y extraño en aquella época, pero sin el indicador, podría haberse visto obligado a "tirarse en paracaídas" o "aventurarse", como otros pilotos se vieron obligados a hacer.

Tenía que haber un camino mejor. "Se estaba haciendo progreso en el diseño del vuelo en avión e instrumentos de navegación y comunicación por radio. Si estas ciencias podían unirse, yo pensaba que podría dominarse el vuelo con mal tiempo", dijo.[2] La mezcla correcta de instrumentos podría darle la dirección que necesitaba en la oscuridad. Fueron necesarios varios años, pero él pensó que una combinación de radio y giroscopios podría permitirle volar con seguridad a pesar de cuál fuera la visibilidad. Y lo demostró en 1929 volando en un avión con una cabina totalmente a oscuras.[3]

Me gustaría sugerir varios paralelismos importantes para alcanzar nuestras metas en la historia de Doolittle. El primero es que con frecuencia intentamos llegar a nuestro destino sin tener apoyo suficiente. Sin los instrumentos adecuados, cuando nos enfrentamos al mal tiempo (lo cual sucede invariablemente), nos vemos obligados a tirarnos en paracaídas o sencillamente confiar en la suerte para lograrlo. Por lo general no resulta, y por eso existen todas esas tristes estadísticas sobre las resoluciones de Año Nuevo. Como descubrió Doolittle, cuando se trata de experimentar nuestro mejor año, necesitamos la mezcla correcta de instrumentos.

Este capítulo provee el panel de instrumentos que necesitas para conectar tus metas anuales con tus tareas diarias. No puedes limitarte a escribir metas y motivaciones. Tienes que *repasarlas* y mantenerlas en primera línea en tu mente mientras *anticipas* qué acciones llevarás a cabo para alcanzarlas.

La profesora de la Universidad de Loughborough, Cheryl J. Travers, rastreó a estudiantes que no solo escribieron sus metas, sino también escribieron sobre su progreso. Ella descubrió que llegaron a una mayor conciencia de sí mismos acerca de sus metas y su progreso, incluido el descubrimiento de cómo seguir una meta tenía influencia en su búsqueda de las otras. Fueron capaces de analizar mejor lo que los retenía y lo que sería necesario para seguir avanzando.[4]

Repasar tus metas y motivaciones logrará que sigas ideando, comprobando y analizando, y eso mejorará tu resolución y estimulará la resolución de problemas creativa a medida que piensas en qué hacer a continuación. Yo divido este proceso de repaso y anticipación en cuatro horizontes separados: diariamente, semanalmente, trimestralmente, y anualmente. Comencemos con el repaso diario.

HORIZONTE DIARIO

Uno de los principales desafíos que enfrentamos a la hora de alcanzar nuestras metas es perder el rastro de ellas. La vida nos distrae y nos desvía, y nuestras metas quedan desenfocadas. Podemos perder meses del año antes de darnos cuenta de que no estamos haciendo progreso. Un proceso regular de repaso de metas puede arreglar este problema.

Comienza con una sencilla lista de tus metas: un resumen de metas. Cuando diseñé la agenda *Full Focus*, puse esto al frente para un repaso regular y fácil, pero puedes hacerlo en un cuaderno físico o una solución digital como Notion, Nozbe, o Evernote. Incluso puedes enmarcar tus metas y colgarlas en la pared. Yo utilizo un sistema híbrido de herramientas analógicas y digitales; tú necesitarás encontrar cualquier cosa que funcione mejor para ti. Para obtener el máximo beneficio del repaso diario, deberías revisar esta lista cada día. Sé que parece mucho, pero toma solamente un minuto; después de todo, solamente tienes de siete a diez metas, ¿no es así? Yo hago esto como parte de mi rutina en la mañana.

Muchas personas sienten que están atascadas o que no progresan porque no pueden establecer la conexión entre sus metas anuales y sus tareas diarias. Todas sus esperanzas languidecen en una hoja de papel arrugada que está metida en algún cajón. Yo veía eso todo el tiempo en la planificación estratégica corporativa. Inmensos documentos de estrategia se creaban con importantes compromisos en cuanto a metas, pero no había ningún mecanismo para traducir esos compromisos anuales y trimestrales en acciones diarias. Al final, esa carpeta tan grande terminaba metida en un estante entre otras carpetas grandes, y raras veces se consultaba, principalmente quedando olvidada.

El repaso diario está pensado para establecer esa conexión entre metas y tareas. Cuando yo repaso la lista, busco acciones siguientes relevantes. Me hago a mí mismo la pregunta: *¿Qué podría hacer hoy que haría que avanzara hacia la meta?* Por eso lo denomino un proceso de repaso y anticipación. Es mirar atrás y adelante. Estoy conectando mi lista de metas con mi lista de tareas., mi compromisos pasados con mis acciones futuras.

Y no permito que esa lista se complique o sea muy larga. Como enseño en el curso y el libro *Free to Focus*, limito mis tareas a lo que yo denomino mis "Grandes 3 diarias". Por lo tanto, nunca tengo más de tres tareas significativas para completar en cualquier día dado. Pero esas tres tareas son escogidas específicamente para ayudarme a alcanzar mis metas.

Muchas personas comienzan el día con diez o veinte tareas para ese día. Al final de la jornada laboral solamente han realizado la mitad de las tareas y se sienten un fracaso. Están creando un juego en el que posiblemente no podrán ganar. ¿Quién tiene tiempo para este tipo de desmotivación? Si realmente quieres hacer progreso hacia tus metas más importantes, necesitas un método rápido y fácil para dividir las grandes metas en tareas diarias factibles. Eso nos lleva al horizonte semanal.

HORIZONTE SEMANAL

El horizonte semanal es un poco más profundo y toma un poco más tiempo, unos veinte a treinta minutos. Hay un triple enfoque del repaso semanal. La primera parte es un mini repaso tras la acción. Recordarás las etapas del Paso 2, pero en lugar de recorrer el proceso para un año entero, solo querrás recapitular la semana anterior. Repasa tu progreso. Enumera tus ganancias y tus pérdidas. A continuación, enumera las lecciones que aprendiste y lo que harías diferente o mejor. ¿Cómo ajustarás tu conducta? Anota también eso. Comprometerte al cambio sobre el papel (o en la pantalla) te ayudará a encontrar claridad y reunir la resolución necesaria.

La segunda parte del repaso semanal implica un repaso más detallado de tus metas. En lugar de escanear una lista de declaraciones de metas, quiero que recorras la declaración de metas, tus motivaciones clave, y cualquier paso siguiente relevante. Querrás mantenerte conectado intelectualmente y emocionalmente con tus motivaciones. Identificamos estas cosas en el Paso 4. Ese no fue un ejercicio académico. Finalmente, el propósito de esa lista es repasarla para así poder mantener a la vista tú porqué. Este es el secreto para seguir avanzando cuando quieres darte por vencido.

La tercera y última parte del repaso semanal es obtener una sensación de lo que hay que lograr en la semana próxima: una anticipación. Como vimos en el caso del General McClellan, es fundamental dividir las metas en grandes en pasos siguientes factibles; de lo contrario, no harás el progreso requerido para alcanzar tus metas. Ahora es momento de convertir esos pasos siguientes en objeticos que debes alcanzar en la semana próxima.

Yo lo denomino mis "Grandes 3 semanales", y es la mejor manera que conozco para obtener tracción y mantener el ímpetu en esos pasos siguientes. Los Grandes 3 semanales representan resultados definitivos que debo lograr para acercarme a mis metas. ¿Cómo se relaciona esto con mis Grandes 3 diarias? Utilizo en mis Grandes 3 semanales para dictar mis Grandes 3 diarias. Tomados en conjunto, el proceso funciona de este modo:

Metas

↓

Acciones siguientes

↓

Grandes 3 semanales

↓

Grandes 3 diarias

A continuación tenemos un ejemplo para poder verlo en acción. Digamos que tu meta es restaurar un clásico Volkswagen Beetle para el dieciséis cumpleaños de tu hija, que es el día 18 de octubre. Es día 1 de marzo. No hay mucho tiempo, pero es factible. Y la presión está ahí porque quieres tener algo muy especial para celebrar este hito en su vida.

Las acciones siguientes más importantes probablemente sean comprar un auto que encaje en tu presupuesto y que te lo envíen a tu casa donde puedas comenzar a trabajar en él. ¿Cómo vas a proceder? Podrías trazar un calendario completo del proyecto, pero no tienes que hacerlo. El primer paso es comprar el auto, hasta ahí está claro. Y es aquí donde el repaso semanal te ayuda a conectar tus metas con tu calendario diario.

Para avanzar hacia tu meta, durante tu repaso semanal podrías identificar la compra como uno de tus objetivos de tus Grandes 3 semanales. Dependiendo del resto de tus prioridades esa semana, podrías entonces asignar tiempo para hablar con tu cónyuge sobre el presupuesto el lunes, investigar en eBay y en Autotrader el miércoles, y comprar el jueves. Cada una de esas tareas sería parte de tus Grandes 3 diarias.

Durante todo el camino desde la meta hasta las tareas individuales diarias, la idea es dirigir tus acciones de modo que siempre estés ganando terreno. Los repasos diarios y semanales hacen posible eso. Yo diseñé mi agenda *Full Focus* para ofrecer una solución integrada de solución de meta a tarea diaria para hacer que este proceso sea sencillo y claro. Pero, independientemente de las herramientas que utilices para implementarlo, el proceso de repaso funciona como un mapa de ruta hacia el logro de metas si somos intencionales.

Regresando a nuestra analogía del edificio Empire State, cada una de las Grandes 3 semanales es como un piso en el rascacielos, y cada una de las Grandes 3 diarias es como el conjunto de peldaños necesario para llegar a ese piso. Lo emocionante es lo siguiente: todo suma. Peldaño a peldaño, piso a piso, puedes recorrer todo el camino hasta la cumbre.

HORIZONTE TRIMESTRAL

Como mencioné en el Paso 3, recomiendo establecer metas por trimestres para así poder espaciarlas durante el año y también fomentar la acción inmediatamente, en lugar de esperar hasta más adelante en el año cuando quede a la vista finalmente una fecha límite más distante. Establecer metas trimestrales conduce de modo natural hacia un repaso y anticipación más profundos cada tres meses. Recomiendo hacer un repaso tras la acción, igual que con el repaso y anticipación semanal, solamente enfocado en todo el trimestre. Además de eso, el propósito principal del repaso trimestral es analizar tus metas y decidir si siguen siendo relevantes para tu vida, y entonces hacer cualquier ajuste si no lo son. A mí me gusta tomar un día entero para hacer mi repaso trimestral, pero si hay poco tiempo, por lo general puedo hacerlo en una hora o dos.

En el repaso trimestral son posibles al menos cinco opciones: alegrarte, volver a comprometerte, revisar, eliminar, y sustituir. En primer lugar, puedes *alegrarte*. Digamos que has alcanzado un hito importante en la búsqueda de una de tus metas. Pausa para reconocerlo y celebrarlo. Yo creo firmemente en celebrar nuestras victorias.

No tienes que esperar a alcanzar la meta completa. De hecho, cuanto mayores son nuestras metas, más importante se vuelve celebrar las pequeñas victorias a lo largo del camino. El relato de la creación en Génesis nos dice que Dios vio todo lo que había creado y lo llamó bueno. No esperó hasta que la creación completa estuvo terminada. Hizo eso en cada etapa. Ese es un buen modelo para nosotros también.

Reconocer nuestro progreso y alegrarnos por él nos ayuda a mantenernos involucrados emocionalmente a largo plazo. Celebrar desencadena el sistema de recompensa de nuestro cerebro, el cual, según el atleta de fondo Christopher Bergland, es "una fuerza motivadora principal para ayudarte a seguir adelante y alcanzar tus metas... Felicitarte a ti mismo no se trata de ego ni de arrogancia, se trata de aprovechar tu circuito de recompensa y utilizar tu canal de dopamina".[5] Ganar nos ayuda a mantenernos en el juego; por lo tanto, tenemos que ser serios sobre alegrarnos cuando marcamos un tanto.

En segundo lugar, puedes *volver a comprometerte* con la meta. Esto puede ser difícil cuando tienes ganas de abandonar y salir de la cancha; pero entonces te das cuenta de que el juego no ha terminado. Literalmente cualquier cosa es posible. Nunca sabes lo que puede suceder. Lo único que puedes saber con seguridad es que, si abandonas ahora, perderás.

Mi hija Marissa tenía una meta de ventas que estaba intentando alcanzar, pero se había dado por vencida antes del final del mes. Ella pensaba que no había tiempo suficiente para poder lograr el objetivo. Yo le desafié al respecto y le pregunté qué sería necesario para alcanzar la meta. Era parecido a la historia de Mura y Dorfman del Paso 1. Ella tenía una creencia limitante que obstaculizaba su progreso, ¡pero aún había tiempo en el reloj! Todavía tenía la posibilidad de influenciar el resultado del mes. En el momento en que reconoció esa verdad liberadora, le dio una nueva sensación de posesión y posibilidad. Volvió a comprometerse con la meta, reunió a su equipo, y la alcanzó sobrándole solamente dos minutos.

La clave en esta situación es reenfocarte en la meta original y reconectar con tu porqué. En otras palabras, enumera lo que está en juego. Por eso hago hincapié en este paso al establecer la meta y en el proceso de repaso semanal. ¿Qué ganarás? ¿Qué perderás? Cuando tengas a la vista estas cosas, puedes pensar en nuevas estrategias o encontrar recursos adicionales; pero tienes que decidir en lo profundo de tu corazón: *Voy adelante.*

Un error común que cometen las personas en esta etapa es el de casarse con su estrategia. No mezcles metas y estrategias. Tu meta es el qué, y tu estrategia es el cómo. No hay nada sagrado con respecto a tu estrategia. Puedes cambiarla en cualquier momento si no está produciendo resultados. Si estamos casados con nuestras estrategias y nos fallan, nuestras metas sufrirán; sin embargo, si estamos comprometidos con nuestras metas, podemos cambiar nuestras estrategias con confianza tan a menudo como sea necesario para alcanzar nuestras metas. Mi hija Megan y yo escribimos nuestro libro *Todo está en tu mente* precisamente para ayudar con el reto de cambiar.

Si ya no estás comprometido con la meta, tu tercera opción es *revisarla.* Esto es totalmente válido. Después de todo, cuando estás planificando tienes un conocimiento limitado. Tal vez te hayas dado cuenta de que estableciste la meta en la zona delirante en lugar de hacerlo en la zona de incomodidad. Puede que entren en juego otros hechos o circunstancias que no podías haber conocido, y quizá están fuera de tu control. Sí tienes que ser cuidadoso cuando revises una meta. No querrás hacerlo solamente para poder quedarte en tu zona de comodidad y no estirarte, pero tampoco necesitas ponerte en una situación en la que nadie gana para demostrar un punto. Personalmente, yo prefiero volver a comprometerme si es posible que pueda alcanzar una meta, y revisarla si no puedo hacerlo.

Cuando no puedo volver a comprometerme y no quiero revisar la meta, la cuarta opción es la *eliminación.* Agarra un borrador. Pulsa el botón de borrar. No dejes que eso te asombre. Es un último recurso, pero a veces es necesario. Yo estoy a favor de alcanzar nuestras metas, pero "el día de reposo fue hecho para el hombre", y no al contrario. Este es tu juego. Yo nunca conocí al policía de metas, pero estoy seguro de que no aparece cuando eliminas una meta de tu lista. Si una meta ya no es relevante, si ya no es atractiva, si has intentado revisarla y no has podido, elimínala. Si no lo haces, la meta se quedará ahí y te acusará. No hay necesidad alguna de pagar un peaje emocional como ese en tu propia lista.

Si has decidido eliminar una meta, te recomiendo que la *sustituyas* por otra que quieras lograr.

¿Y si pierdes una meta? No te obsesiones por eso. El momento oportuno es delicado bajo las mejores circunstancias, y lo es aún más con las metas importantes. Yo no siempre alcanzo las mías en la fecha prevista. Si estás persiguiendo grandes metas, es normal fallar el objetivo algunas veces. Lo importante es mantenerse en el partido.

Para resumir, recomiendo considerar las cuatro opciones trimestrales de revisión como si fueran un árbol de decisión:

▶ **ALÉGRATE** si has alcanzado tu meta/hito.

Si aún no estás ahí, entonces

▶ **VUELVE A COMPROMETERTE** para lograrlo.

Si no puedes volver a comprometerte, entonces

▶ **REVISA** la meta para que puedas alcanzarla.

Si no puedes revisarla, entonces

▶ **ELIMINA** la meta de tu lista.

Si la eliminas, entonces

▶ **SUSTITÚYELA** por otra que quieras alcanzar.

HORIZONTE ANUAL

Esta perspectiva es la más fácil de explicar porque ya lo has hecho. ¡Felicidades! Los cinco pasos de *Tu mejor año* engloban la revisión anual: volver a vigorizar tu sensación de posibilidad, concluir el año anterior, establecer metas para el siguiente, identificar tus motivaciones clave, y ejecutar tu plan dividiéndolo en pasos siguientes factibles.

EL LOGRO ES TAN SENCILLO COMO TOMAR TU META UN PASO CADA VEZ.

Al mantener la visibilidad de tu meta en los repasos y anticipaciones trimestral, semanal y diarios, estás garantizando que tus acciones diarias se acumulen hacia tus metas anuales y se sumen al logro.

¿POR QUÉ CELEBRAR?

Antes de concluir este capítulo quiero regresar al tema de alegrarnos. Quienes logran muchas cosas batallan a veces con esta. Yo solía hacerlo. Tras una victoria, en raras ocasiones me detenía para celebrar antes de pasar al siguiente proyecto. Pero recuerda la observación que cité antes del profesor de psicología Timothy Pychyl: "Experimentamos la respuesta emocional más positiva cuando hacemos progreso en nuestras metas más difíciles". Eso es cierto solamente si nos detenemos para observarlo. Cuando alcanzamos nuestras metas o llegamos a un hito en el camino, necesitamos tomar el tiempo apropiado para celebrarlo.

Celebrar tus victorias valida tu trabajo, y es también un componente clave de vivir una vida llena y significativa. Después de correr una carrera en Grecia llamada Navarino Challenge, el corredor de larga distancia Dean Karnazes se sorprendió al ver cómo salían los lugareños a celebrar a los vencedores. Dejaban sus trabajos, cerraban sus tiendas, y comenzaban a bailar. "Esas personas estaban dispuestas a poner a un lado lo que estuvieran haciendo y reunirse", dice Karnazes.

"Si tomáramos siempre decisiones con nuestra cabeza en lugar de hacerlo con el corazón, probablemente viviríamos vidas mucho más ordenadas", reflexiona él, "pero serían mucho menos alegres... ¿Cuántas personas pasan toda su vida esforzándose por algo con todo el empeño, solo para despertarse un día y darse cuenta de que en realidad no han vivido la vida?".[6]

Cuando nos saltamos la celebración, abaratamos nuestros esfuerzos, y también timamos a nuestras vidas y las vidas de las personas más cercanas a nosotros. Por eso es fundamental bailar en torno a los hitos. Lleva allí a tu familia. Lleva allí a tus amigos. Pero toma tiempo para celebrar. Refuérzalo. Deja que llegue hasta tu sistema nervioso y te impulse al cruzar la línea de meta. Para ayudarte, he incluido una indicación de recompensa en las muestras de esquemas de metas al final del libro para que puedas identificar desde el principio cómo celebrarás cuando alcances tus metas.

CELEBRAR TUS

VICTORIAS VALIDA

TU TRABAJO.

15

PUEDES DESENCADENAR EL ÉXITO

La clave de la victoria es crear rutinas correctas.
—CHARLES DUHIGG

Una rutina sólida fomenta un camino muy transitado para
las energías mentales de la persona y ayuda a hacer morir de
hambre la tiranía del estado de ánimo.
—MASON CURREY

Yo tenía una meta de hábito que quería instalar: hacer ejercicio durante treinta minutos, de lunes a viernes, a las 6:00 de la mañana. Había solamente un problema: parece que no podía cumplirlo. Si alguna vez has fallado a la hora de cumplir una resolución de Año Nuevo, quizá puedas identificarte. Por lo general, comenzaba la semana bien. Hacía ejercicio el lunes y otra vez el martes, pero cuando llegaba el miércoles, me sentía tentado a seguir durmiendo, y con frecuencia era eso lo que hacía.

Estaba claro que algo tenía que cambiar si quería alcanzar mi meta. Fue entonces cuando decidí enfocarme en preparar mi ropa de gimnasia la noche anterior en lugar de hacerlo en la meta en sí. Parece ridículamente sencillo, pero esa sola práctica me permitió desarrollar casi sin esfuerzo el hábito de hacer ejercicio con regularidad.

Más adelante descubrí que estaba utilizando una versión de lo que los investigadores sobre logro de metas denominan *intenciones de implementación*. Yo los llamo desencadenantes de activación. Podrías recordar el término del capítulo 9 cuando hablé sobre hábitos; eso es por diseño. Donde el proceso de repaso y anticipación, detallado en el capítulo anterior, es especialmente útil para dar pasos siguientes en el logro de metas, los desencadenantes de activación aprovechan la mecánica de la formación de hábitos para ayudarnos ganar terreno con nuestras metas de hábito.

Son declaraciones o acciones sencillas que mejoran el proceso de alcanzar nuestras metas. ¿Cómo? Anticipando cualquier contingencia u obstáculo que podríamos enfrentar, podemos dirigir una respuesta deseada. En lugar de apoyarnos en nuestra toma de decisión en el momento (cuando nuestros recursos mentales y emocionales podrían estar en su punto más bajo), los desencadenantes de activación cierran nuestras decisiones de antemano. Es otro uso del compromiso previo.

Debido a que abordan contingencias, podemos pensar en ellos como sencillas declaraciones *si/entonces* o *cuando/entonces*. Funcionan, dice la psicóloga social Heidi Grant Halvorson, "porque las contingencias están integradas en nuestra constitución neurológica… Cuando las personas deciden exactamente cuándo, dónde y cómo cumplirán sus metas, crean un vínculo en el cerebro entre cierta situación o indicación ('Si o cuando sucede x') y la conducta que debería seguir a continuación ('entonces yo haré y'). De este modo, establecen potentes desencadenantes para la acción".[1]

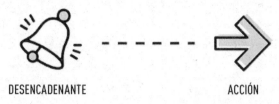

DESENCADENANTE   ACCIÓN

Es difícil hacer progreso cuando estamos atascados en rutinas de conducta. Los desencadenantes de activación pueden sacarnos de las rutinas y recordarnos conductas nuevas y mejores que nos ayudarán a alcanzar nuestras metas.

Este tipo de planificación suaviza la fricción que experimentamos al intentar mantener el ímpetu, y nos proporciona una manera de superar obstáculos. Como destacan los investigadores Thomas Webb y Paschal Sheeran, utilizar un desencadenante de activación nos hace estar "perpetuamente preparados" para actuar. "La evidencia indica que... las respuestas que han sido planteadas en un formato *si-entonces* son iniciadas más inmediatamente, con más eficacia y menos necesidad de una intención consciente", escriben.[2] Según más de doscientos estudios con miles de participantes en total, quienes planifican del modo *si-entonces* tienen unas tres veces más probabilidad de alcanzar sus metas que quienes se saltan este paso.[3]

Por lo tanto, ¿cómo puedes aprovechar esa ventaja para ti mismo? Puedes utilizar desencadenantes de activación para alcanzar tus metas siguiendo tres fases.

FASE 1: ANTICIPAR OBSTÁCULOS Y DETERMINAR TU RESPUESTA

Primero debemos identificar los desencadenantes que mejor funcionarán para alcanzar la meta. En el espíritu de pasos siguientes fáciles, asegúrate de que tus desencadenantes de activación sean más fáciles de alcanzar que tus metas. De eso se trata. Estás calentando y creando tareas en tu zona de comodidad para poder finalmente alcanzar una meta en tu zona de incomodidad. Estás aprovechando lo fácil para hacer lo difícil

Yo tengo una meta de hábito de salir de la oficina sin demora a las 5:00 de la tarde, pero un mensaje o una petición puede minar fácilmente mi meta en el último minuto. La clave es decidir de antemano cómo manejaré cada uno de esos obstáculos. La parte *si* o *cuando* de la declaración es el desencadenante; el *entonces* es la respuesta. Son como las reglas de las que hablamos en el capítulo 9. Lo siguiente es lo que pensé:

+ Si recibo una llamada telefónica después de las 4:45 de la tarde, dejaré que vaya al buzón de voz.

+ Si miembros del equipo piden hablar conmigo cuando voy saliendo, entonces les diré que mejor hablaremos mañana.

+ Si tengo que asistir a una reunión a las 4:00 de la tarde, entonces le diré al organizador que debo salir de la reunión a las 4:55.

+ Cuando llegue un email importante, responderé hasta las 4:45 de la tarde y no volveré a mirar otra vez el correo después de esa hora.

Esta clase de planificación *si-entonces* sustituye una decisión en el momento con una idea predeterminada y una respuesta ideal. "Cuando las personas han formado una intención de implementación, pueden actuar [automáticamente], sin tener que deliberar sobre cuándo y cómo deberían actuar", dicen los teóricos de metas Peter Gollwitzer y Gabriele Oettingen.[4] Ya hemos levantado el mayor peso.

FASE 2: OPTIMIZAR TUS DESENCADENANTES DE ACTIVACIÓN

Tras haber creado una lista breve de posibles desencadenantes de activación, identifica cuáles puedes optimizar mediante eliminación, automatización, y delegación. Preparar mi ropa de hacer ejercicio es un ejemplo. A continuación tenemos otros desencadenantes de activación que he utilizado en el pasado o que sigo utilizando actualmente:

+ Programar que las luces en mi oficina se apaguen automáticamente a las 5:00 de la tarde, de modo que cumplo mi meta de dejar de trabajar a las 5:00 de la tarde.

+ Pedir a mi asistente que automáticamente haga reservas para la cena para mí cada viernes en la noche a las 6:00 de la tarde, de modo que cumplo mi meta de tener un una cita nocturna semanal con Gail.

+ Fijar el modo enfoque en mi teléfono, para que silencie notificaciones y ponga las app que necesito para mi tiempo a solas en la pantalla de mi hogar, para así cumplir mi meta de comenzar el día con oración, lectura de la Biblia y reflexión.

+ Contratar a un entrenador físico que trabaje conmigo en el entrenamiento de fuerza, de modo que cumplo meta de hacer entrenamiento de fuerza los lunes, miércoles y viernes.

+ Eliminar de mi refrigerador y mi despensa todos los alimentos procesados, de modo que sigo mi meta de comer solamente alimentos limpios, integrales y orgánicos.

+ Fijar un depósito automático en mi cuenta de ahorros, para así cumplir mi meta de ahorrar cierta cantidad de dinero.

+ Sacar de mi casa mi computadora portátil, de modo que no soy tentado a utilizar la computadora en la tarde y cumplo mi meta de tener más tiempo de descanso.

Es de esperar que estas cosas ceben la bomba. Tus desencadenantes casi con toda seguridad serán muy distintos a los míos. Lo importante es identificarlos e incorporarlos a tu vida.

Una parte importante del proceso de desencadenante de activación es pensar cuando estás en tu momento más fuerte, en lugar de apoyarte en tu fuerza de voluntad cuando no lo estás. Con eso en mente, puedes optimizar tus desencadenantes para fomentar aún más el éxito. Notemos que en mis ejemplos anteriores he dejado fuera de mi control todo lo posible el desencadenante utilizando eliminación, automatización y delegación. Por ejemplo:

+ *Eliminé* tentaciones que pudieran hacerme descarrilar. Deseché todos los alimentos procesados en mi cocina. Saqué de la casa mi computadora portátil.

+ *Automaticé* mi desencadenante de activación utilizando la tecnología. Usé una app automatizada en mi teléfono para prepararme para mi tiempo de quietud. Programé las luces en mi oficina. Fijé un depósito automático en mi cuenta de ahorros.

+   *Delegué* mi desencadenante de activación a mi asistente. Él hace las reservas para mis cenas.

Al situar fuera de tu control el desencadenante, ya no te apoyas en ti mismo en el momento. Estás identificando contingencias y tentaciones que provocan un obstáculo (como el deseo de trabajar hasta tarde u olvidarte de hacer una reserva) y te ocupas de ellas de antemano. Cuando surja la contingencia, ya lo habrás manejado.

Tomemos la historia de Jasmine, una joven de la generación milenial que reconoció su adicción a las redes sociales. Postergaba cosas en su trabajo y miraba su teléfono constantemente. "Es como si estuviera en piloto automático cuando lo hago", dijo ella.

Jasmine quería cambiar. Quería limitar el tiempo que miraba la pantalla a dos horas por día. Su teléfono se estaba convirtiendo en un obstáculo para su trabajo, y quería un ascenso. Entendió que no podía solamente no tener un teléfono. Disfrutaba de todos los aspectos positivos de su teléfono inteligente y tenía que estar disponible, pero sabía que no podía depender de su propia fuerza de voluntad en el momento para dejar de mirar su teléfono cuando debería estar trabajando. Por lo tanto, acudió a un desencadenante de activación, uno que no dependiera de ella.

Encontró una app que evitaba que abriera apps de redes sociales durante ciertos periodos o después de llegar a un límite de tiempo de pantalla. Jasmine usó la app de control y nunca miró atrás. Al principio fue tan solo un ajuste, desde luego, pero Jasmine desde entonces ha obtenido ese ascenso y está trabajando hacia otras metas creativas ahora que tiene más tiempo en su día a día.

FASE 3: EXPERIMENTAR HASTA LOGRARLO

Esta es la clave del éxito. Vas a experimentar reveses, especialmente si eres normal. Cuando te encuentras frente a una pared, es momento de hacer un giro. Tu meta podría ser sagrada, pero tu estrategia no lo es. No renuncies a tu meta, solamente cambia tu enfoque.

Eso significa modificar tus desencadenantes de activación hasta que funcionen correctamente para ti. A veces, lo único necesario es un pequeño ajuste. Por ejemplo, cuando establecí por primera vez una meta de hábito de pasar más tiempo de descanso en la tarde, pensé que sería suficiente con cerrar mi computadora pero dejarla en el estudio.

Eso funcionó durante los primeros días, pero desgraciadamente comencé pronto a hacer trampas abriendo la tapa y mirando las redes sociales. Resolví el problema sacando mi computadora de la casa. Ahora se queda en mi oficina.

Cualquiera que sea tu meta, el truco está sencillamente en pensar en las contingencias y obstáculos que evitarán que la alcances. Cuando hayas pensado en los impedimentos más probables, puedes responder de antemano para así saber qué hacer en el momento en que se produzcan. Podría ser necesario un poco de imaginación para pensar en potenciales obstáculos para tus metas, pero vale la pena hacerlo. Cuando los hayas utilizado algunas veces, se convertirán en una segunda naturaleza.

PASO 5

PLAN DE ACCIÓN

1. DIVIDE LAS METAS GRANDES EN SIGUIENTES PASOS MANEJABLES

No caigas en la vieja trampa de "comer la rana". Aunque tu meta debería estar en la zona de incomodidad, tu siguiente paso debería estar en la zona de comodidad. Haz primero la tarea más fácil. Si te quedas atascado, busca ayuda externa. Querrás acumular ímpetu al principio con victorias rápidas.

2. PROGRAMA REPASOS REGULARES DE LA META

Para tu revisión diaria, repasa tu lista de metas. Querrás tener en mente tus metas y también pensar en algunas tareas concretas para el día que te acerquen más a lograrlas. Yo los denomino mis "Grandes 3 diarias".

Para tu revisión semanal, repasa tus metas con un enfoque específico en tus motivaciones clave. Realiza un repaso tras la acción rápido de la semana anterior. Repasa las acciones siguientes para cada una de tus metas y decide qué tres resultados debes lograr en la semana siguiente para alcanzarlas. Yo los llamo mis "Grandes 3 semanales", y los utilizo para determinar mis "Grandes 3 diarias".

Para la revisión trimestral, lo fundamental es (1) alegrarte si has completado tu meta o has pasado un hito; (2) volver a comprometerte si no lo has hecho; (3) revisar la meta si no puedes volver a comprometerte, (4) eliminar la meta si no puedes revisarla, y finalmente (5) sustituir la meta por otra que quieras alcanzar.

3. UTILIZA DESENCADENANTES DE ACTIVACIÓN

Piensa en los mejores desencadenantes de activación para ti. Recuerda aprovechar lo que resulta fácil a fin de hacer lo difícil. No confíes en tu fuerza de voluntad en el momento. Enfrentarás obstáculos, de modo que anticipa esos obstáculos y decide la mejor respuesta *si-entonces* con antelación. La idea es planificar tus métodos alternativos antes de que un obstáculo te desvíe. Si no lo tienes establecido al principio, experimenta hasta lograrlo. Entonces optimiza tus desencadenantes de activación con eliminación, automatización y delegación. Si al principio no lo haces bien, experimenta hasta lograrlo.

EL PRINCIPIO LEAP

Aprendí que valentía no era la ausencia de temor,
sino el triunfo sobre él.
—NELSON MANDELA

El secreto para ganar no es un secreto. Es ejecución
constante en la dirección de una meta.
—ALI SCHWANKE

Cuando Gail y yo llevábamos unos dos años casados, compramos una casa juntos en Waco, Texas. Una hermosa mañana de sábado en primavera, poco después de mudarnos al nuevo barrio, oí sonar el timbre de la puerta. Gail abrió.

"Cariño", dijo tras un momento, "creo que tienes que venir a la puerta".

Me levanté y fui hasta la puerta. Si me hubieran preguntado quién podría estar allí, mi primera idea no habría sido la policía. Sin embargo, allí estaban, dos oficiales uniformados.

"¿Es usted el Sr. Hyatt?", preguntaron.

"Sí, soy yo", respondí.

"Señor", dijeron, y pude ver que no iba a ser nada bueno, "estamos aquí para arrestarlo".

"¡¿Qué?!", exclamé.

"Bueno", explicaron, "tiene usted una multa por exceso de velocidad que no pagó, y por eso vamos a llevarlo a la ciudad".

Así que ahí estaba yo una mañana de sábado con todos mis vecinos afuera cortando el pasto de sus jardines, jugando con sus hijos, haciendo las cosas normales que se hacen los fines de semana, y un par de oficiales de policía caminan a mi lado hasta su auto patrulla, me meten en el asiento trasero, encienden las luces, y se alejan conmigo en el interior.

Cuando llegamos a la estación de policía en el centro de Waco, me tomaron las huellas dactilares por primera vez en mi vida y entregué todas mis cosas. Estaban a punto de llevarme a la cárcel cuando Gail entró con la chequera.

"¿Podría llenar el cheque por esa cantidad?", preguntó.

"Sí, puede hacerlo", respondieron los oficiales.

Entonces Gail llenó el cheque con la cantidad. En cuanto lo firmó y lo entregó, yo quedé liberado. Fue increíblemente bochornoso, y también totalmente evitable. Se produjo por no actuar. Yo sabía que tenía la multa, lo único es que no llegué a pagarla. No había hecho lo que sabía que tenía que hacer y, en cambio, postergué las cosas.

No puedo contar cuántas personas hacen eso mismo con sus metas. ¿Todas las personas que fijan resoluciones de Año Nuevo y después no las cumplen? ¿Todos los que desarrollan planes elaborados pero nunca los ejecutan? ¿Todos los que conoces que parecen esperar a que suceda algo grande en lugar de actuar y hacer que suceda? Todo se reduce a no actuar.

Antes de avanzar más, quisiera recapitular nuestro viaje hasta aquí. Hemos cubierto mucho terreno. En el Paso 1 dijimos que, para crear tu mejor año, debes actualizar tus creencias y aceptar verdades liberadoras acerca de lo que es posible en tu vida. En el Paso 2 descubrimos el poder de pensar hacia atrás para completar el pasado, aprovechando el arrepentimiento para revelar futuras oportunidades, y aprovechar la ventaja de la gratitud para cultivar el pensamiento abundante necesario para prevalecer.

Entonces, en el Paso 3 vimos cómo diseñar un futuro atractivo utilizando una mezcla de logros SMARTER y metas de hábito, y por qué tu mejor año está siempre fuera de tu zona de comodidad. En el Paso 4 hablamos sobre ponernos en contacto con el poder de la motivación intrínseca, alimentar tu porqué en el logro de metas, y viajar con amigos para mantenernos en el camino atravesando la caótica mitad. Finalmente, en el Paso 5 hablamos sobre cómo pasar a la acción y convertir esas metas en realidad. ¿Adivinas qué momento llega ahora?

Si seguiste los planes de acción para cada paso en este libro, ahora tendrás una lista de tus propias metas. Digamos que quieres mejorar en tu profesión, tu matrimonio, y tu salud mental. Soñar con grandes resultados puede ser emocionalmente satisfactorio e intelectualmente estimulante; pero para comenzar se requiere acción. Y eso puede ser difícil. Después de todo, ¿cómo puedes...

+ hacer espacio en tu horario para citas con tu cónyuge?

+ encontrar las horas necesarias para lanzar visión y planear estratégicamente?

+ dejar atrás la trampa de la comparación y enfocarte en el valor que tú aportas al mundo?

Esas son buenas preguntas, y es importante responderlas. Pero seguir adelante sin tener todas las respuestas no es el riesgo real aquí, y ni siquiera se acerca a serlo. El riesgo real es este: cuando enfrentamos estos tipos de retos, en lugar de pasar a la acción podemos recostarnos en la buena sensación del sueño sin dar los pasos necesarios para verlo cumplirse.

Anteriormente cité comentarios de Arthur C. Clarke acerca del fracaso de la imaginación (ver cap. 1). En ocasiones, no alcanzamos grandes metas porque no podemos imaginarlas o pensar cómo podríamos alcanzarlas. No parecen posibles. Sin embargo, Clarke también destaca otro problema, que él denomina el "fracaso de la osadía".[1]

A veces podemos imaginar exactamente lo que tenemos que hacer. Podemos visualizarlo con claridad. Lo hemos definido; incluso podríamos tener un plan de ejecución detallado, pero no lo ejecutamos. Somos como el General McClellan: todo planes y nada de acción. Pronto serás susceptible a la Ley de la Intención Disminuida.

Afirma que mientras más esperes para pasar a la acción, menos probabilidad tendrás de hacerlo. Jim Rohn observó originalmente este fenómeno y acuñó el término. Pero puedes vencer la Ley de la Intención Disminuida y crear tu mejor año haciendo uso de lo que yo denomino el Principio LEAP (salto):

NUNCA DEJES LA ESCENA DE LA CLARIDAD
SIN EMPRENDER UNA ACCIÓN DECISIVA.

Esto me recuerda a otro general estadounidense que tuvo la misma sensación de destino que McClellan, pero un resultado bastante diferente. Desde que era muy joven, George S. Patton imaginaba grandes cosas para sí mismo como comandante militar. Nació en el seno de una familia militar y sobresalió en la equitación y otras actividades deportivas, incluida la esgrima.

Al igual que McClellan, ascendió rápidamente hasta el estrellato al principio de su carrera. Comenzó la Primera Guerra Mundial como capitán y terminó como teniente coronel. Pionero en la guerra con tanques, Patton fue famoso por caminar delante de su brigada e incluso en lo alto de sus tanques a la batalla para inspirar a sus hombres. "George llevará a una unidad a atravesar el infierno y las aguas", observó su comandante, el General George C. Marshall.[2]

En 1942 Marshall escogió a Patton para liderar la Operación Antorcha, la invasión del norte de África controlada por el Eje. Patton se enfrentó a todas las limitaciones que tuvo también McClellan. Justamente después de ocupar la posición, Patton se dio cuenta de que sus tropas y sus provisiones eran insuficientes. En lugar de utilizar eso como una excusa para la inacción, Patton tomó el mando y convirtió a su pequeño ejército en el grupo más eficaz de luchadores que podía manejar; y cambió el curso de la historia.

"Parece que toda mi vida ha estado dirigida hacia este momento", escribió Patton justo antes de aterrizar en el norte de África. "Si cumplo plenamente con mi obligación, el resto se desarrollará por sí solo".[3]

Y así fue. ¿Su estrategia? "Atacaremos y atacaremos hasta que estemos exhaustos, y después volveremos a atacar", les dijo sus hombres.[4] Esa determinación para actuar marcó toda la diferencia. Patton consiguió victorias en el norte de África y después en Sicilia. Después de la invasión de Normandía, Patton dirigió a sus hombres 600 millas (965 kilómetros) cruzando Europa, liberando Alemania del control nazi en 1945.

Patton emprendió la acción. Nosotros necesitamos hacer lo mismo. Si quieres ver un gran cambio y combatir la Ley de la Intención Disminuida, debes estar dispuesto a dar un gran salto (*leap* en inglés, de ahí el acrónimo; nota de traducción.). Es tan sencillo como cuatro pasos, uno para cada letra del acrónimo:

+ *IncLínate* hacia el cambio con expectativa. Cuando observes que es deseable o necesario un cambio, esa es tu luz verde. Pisa el acelerador. Ese indicio es lo único que necesitas para seguir.

+ *Emplea* el concepto hasta obtener claridad. No dejes pasar la sensación; trabaja con ella hasta obtener una idea de qué hacer. Ese pensamiento insistente que está en tu mente podría ser el inicio de toda una nueva aventura, o la escalera que necesitas para salir de un surco profundo.

+ *Actívate* y haz algo: cualquier cosa. A veces esperamos para movernos hasta tener toda la información. Eso es un error. La claridad llega en grados, y solamente necesitas tener luz suficiente para el siguiente paso. Incluso si sales con el pie equivocado, el resto del viaje se irá esclareciendo a medida que avances.

+ *Precipítate* y hazlo ahora. Cuando hayas decidido tu paso siguiente, dalo. No esperes. Esperar parece seguro, pero la espera mata los sueños.

He visto a personas muy competentes emplear el Principio LEAP una y otra vez. Cuando fui el anfitrión de un grupo de mentes maestras de emprendedores y ejecutivos llamado Inner Circle (Círculo interno), uno de los miembros entendió que tenía que abandonar una organización profesional a la que pertenecía. El compromiso estaba socavando sus recursos y no le proporcionaba suficiente beneficio.

Fue un momento revelador, y él pasó a la acción. No lo programó para más adelante esa misma semana. Eso habría dejado el asunto sin resolver, y la demora habría permitido que su intención disminuyera. ¿Por qué? A medida que fuera acumulando en su mente las complicaciones de abandonar ese grupo, habría encontrado razones para quedarse a bordo. En cambio, salió de la sala en el primer receso, hizo un llamada telefónica, y dimitió. Dio el salto (LEAP).

Ahora te toca a ti. Tu mejor año no es una película que puedes ver recostado; es una visión que necesita ser construida, comenzando ahora mismo, o no se hará realidad. No es ningún accidente que te vieras atraído a este libro y que te hayas quedado hasta el final. Este es tu año, este es tu momento.

No pospongas tus sueños. No demores tus metas. No postergues lo único que necesitas hacer hoy para realizar progreso significativo en tu vida personal o profesional. Cuando hayas decidido cuál será tu paso siguiente, da ese paso. No esperes. Da el salto.

ESQUEMAS DE METAS DE ARRANQUE

Aquí encontrarás la muestra de metas utilizando los esquemas que yo empleo en la agenda *Full Focus*. Todas ellas son metas hipotéticas que puedes usar para dirigir tu proceso de establecimiento de metas. He incluido una mezcla de metas de logro y metas de hábito. Tu mezcla particular se verá diferente; esto es solo para darte una sensación de lo que es posible.

Estos esquemas demuestran cómo encajan los distintos elementos del sistema Tu mejor año, incluidas las metas SMARTER (cap. 7), motivaciones clave (cap. 10), y pasos siguientes (cap. 13). Utilizar esquemas como estos hace que el proceso de repaso de metas (cap. 14) sea rápido y fácil.

DETALLE DE META

META Escribe tu meta **SMARTER.**

Crear un nuevo ritual matutino y practicarlo cada día hasta el 30 de junio.

○ META DE LOGRO ☑ META DE HÁBITO

MOTIVACIONES CLAVE Escribe y después ordena tus motivaciones clave.

3	*Comenzar cada día con una ganancia.*
2	*Ahorrar energía en la mañana automatizando mi rutina.*
1	*Tener tiempo regular para preparar el desayuno a mis hijos.*

SIGUIENTES PASOS Enumera los primeros proyectos o tareas que forman tu meta.

1	*Crear mi ritual matutino.*
2	*Pedir a Bet que compruebe si funciona para sus mañanas.*
3	*Subir mi ritual a una app que automatice mi lista cada día.*

CELEBRACIÓN Decide cómo celebrarás tu éxito.

Tomar un fin de semana libre con Bet y los niños.

PROGRESO DE LA META Rastrea el progreso de tu logro de metas.

0% ————————————————————————————— 100%

RASTREADOR DE DURACIÓN™ Rastrea el progreso de tu logro de metas.

M1	1✓	2✓	3✓	4✓	5	6✓	7✓	8✓	9	10	11✓	12✓	13✓	14✓	15✓	16✓	17✓	18✓	19✓	20✓	21✓	22✓	23	24✓	25✓	26✓	27✓	28✓	29✓	30✓	31✓
M2	1✓	2✓	3	4	5	6	7	8	9	10	11	12	13	14	15	16	17	18	19	20	21	22	23	24	25	26	27	28	29	30	31
M3	1	2	3	4	5	6	7	8	9	10	11	12	13	14	15	16	17	18	19	20	21	22	23	24	25	26	27	28	29	30	31

DETALLE DE META

○ CUERPO   ○ AMOR   ☑ DINERO
○ MENTE   ○ FAMILIA   ○ TRABAJO
○ ESPÍRITU   ○ COMUNIDAD   ○ HOBBIES

META Escribe tu meta SMARTER.

Liquidar la deuda del auto por cantidad de $8,000 para el 25 de agosto.

_____

_____

☑ META DE LOGRO   ○ META DE HÁBITO

MOTIVACIONES CLAVE Escribe y después ordena tus motivaciones clave.

2	Eliminar el estrés de tener deuda.
1	Tener más dinero en nuestras reservas en efectivo.
3	Librarnos de pagos extra mensuales.

SIGUIENTES PASOS Enumera los primeros proyectos o tareas que forman tu meta.

1	Crear un nuevo presupuesto mensual para maximizar pagos.
2	Determinar cuánto extra podemos tener cada mes para el préstamo del auto.
3	Programar los días en que haremos el pago extra cada mes.

CELEBRACIÓN Decide cómo celebrarás tu éxito.

Una cena de celebración en el restaurante bonito en el centro que nos ha gustado.

_____

PROGRESO DE LA META Rastrea el progreso de tu logro de metas.

0%   100%

RASTREADOR DE DURACIÓN™ Rastrea el progreso de tu logro de metas.

M1	1	2	3	4	5	6	7	8	9	10	11	12	13	14	15	16	17	18	19	20	21	22	23	24	25	26	27	28	29	30	31
M2	1	2	3	4	5	6	7	8	9	10	11	12	13	14	15	16	17	18	19	20	21	22	23	24	25	26	27	28	29	30	31
M3	1	2	3	4	5	6	7	8	9	10	11	12	13	14	15	16	17	18	19	20	21	22	23	24	25	26	27	28	29	30	31

DETALLE DE META

META Escribe tu meta **SMARTER.**

Escribir 300 palabras cada día del libro de no ficción sobre cómo manejar las
finanzas personales para el 15 de noviembre.

○ META DE LOGRO ☑ META DE HÁBITO

MOTIVACIONES CLAVE Escribe y después ordena tus motivaciones clave.

| 2 | El libro servirá como constructor de credibilidad y herramienta generacional para mi negocio. |
| 1 | Una fuente potencial adicional de ingresos para mi negocio. |

SIGUIENTES PASOS Enumera los primeros proyectos o tareas que forman tu meta.

| 1 | Programar en mi calendario el tiempo de escritura para cada día. |
| 2 | Pedir a dos personas que me ayuden con retroalimentación y programar reuniones con antelación. |

CELEBRACIÓN Decide cómo celebrarás tu éxito.

Cuando se publique el libro, invitaré a cenar a mi equipo de liderazgo.

PROGRESO DE LA META Rastrea el progreso de tu logro de metas.

0% 100%

RASTREADOR DE DURACIÓN™ Rastrea el progreso de tu logro de metas.

M1	1✓	2✓	3✓	4✓	5✓	6✓	7✓	8✓	9✓	10	11✓	12✓	13✓	14✓	15✓	16✓	17	18	19✓	20✓	21✓	22✓	23✓	24✓	25✓	26✓	27✓	28✓	29	30✓	31✓
M2	1✓	2	3✓	4✓	5✓	6✓	7	8	9✓	10✓	11✓	12✓	13✓	14✓	15✓	16✓	17✓	18✓	19✓	20✓	21	22✓	23	24✓	25✓	26✓	27✓	28✓	29✓	30	31
M3	1	2	3	4	5	6	7	8	9	10	11	12	13	14	15	16	17	18	19	20	21	22	23	24	25	26	27	28	29	30	31

DETALLE DE META

META Escribe tu meta **SMARTER**.

Comenzar mi empresa de servicios impositivos para el 7 de febrero.

☑ META DE LOGRO   o META DE HÁBITO

MOTIVACIONES CLAVE Escribe y después ordena tus motivaciones clave.

2	*Ingresos extra para ahorro y viajes.*
3	*Afilar mis habilidades empresariales.*
1	*Poner un fundamento para mi propio negocio de servicios impositivos en el futuro.*

SIGUIENTES PASOS Enumera los primeros proyectos o tareas que forman tu meta.

1	*Crear mi página web.*
2	*Encontrar algunos eventos de networking a los que asistir.*
3	*Redactar email de anuncio compartible para contactos actuales.*

CELEBRACIÓN Decide cómo celebrarás tu éxito.

Tras ganar mis primeros $5,000 haré un viaje de fin de semana largo para visitar a mi mejor amigo.

PROGRESO DE LA META Rastrea el progreso de tu logro de metas.

0%   100%

RASTREADOR DE DURACIÓN™ Rastrea el progreso de tu logro de metas.

	1	2	3	4	5	6	7	8	9	10	11	12	13	14	15	16	17	18	19	20	21	22	23	24	25	26	27	28	29	30	31
M1	1	2	3	4	5	6	7	8	9	10	11	12	13	14	15	16	17	18	19	20	21	22	23	24	25	26	27	28	29	30	31
M2	1	2	3	4	5	6	7	8	9	10	11	12	13	14	15	16	17	18	19	20	21	22	23	24	25	26	27	28	29	30	31
M3	1	2	3	4	5	6	7	8	9	10	11	12	13	14	15	16	17	18	19	20	21	22	23	24	25	26	27	28	29	30	31

ESQUEMAS SMARTER

PARA METAS DE LOGRO

1
_____ Específica, medible, arriesgada, emocionante _____ Tiempo
Factible _____ Relevante

2
_____ Medible, arriesgada, emocionante _____ Específica _____ Tiempo
Factible _____ Relevante

3
_____ Específica _____ Medible, arriesgada, emocionante _____ Tiempo
Factible _____ Relevante

PARA METAS DE HÁBITO

4
_____ Medible, arriesgada, emocionante _____ Específica _____ Tiempo
Factible _____ Relevante

Desencadenante de tiempo _____ Fecha de inicio _____ Duración
_____ Relevante

ESQUEMAS SMARTER

◎ PARA METAS DE LOGRO

1 Correr
- Específica, medible, arriesgada, emocionante: la media maratón Country Music
- Relevante
- Factible
- Tiempo: para el 21 de abril

2 Leer
- Específica: 50 libros de comercio
- Medible, arriesgada, emocionante
- Relevante
- Factible
- Tiempo: para el 31 de diciembre

3 Bajar
- Específica: mi hándicap en golf de 22 a 18
- Medible, arriesgada, emocionante
- Relevante
- Factible
- Tiempo: para el 30 de septiembre

📅 PARA METAS DE HÁBITO

4 Caminar
- Específica: tres kilómetros en Pinkerton Park
- Medible, arriesgada, emocionante
- Factible
- Tiempo: L-M-V
- Desencadenante de tiempo: A las 6:00 am
- Fecha de inicio: Comienzo 1 de junio
- Duración: por 12 semanas
- Relevante

LECTURAS RECOMENDADAS

Para cualquiera que esté interesado en profundizar, he enumerado libros que pueden ayudar a acrecentar cada paso de la metodología, junto con varios enfoques generales. También puedes encontrar en las notas muchos libros que valen la pena.

GENERAL

Fishbach, Ayelet. *Get It Done: Surprising Lessons from the Science of Motivation*. New York: Little, Brown Spark, 2022.

Halvorsen, Heidi Grant. *Succeed: How We Can Reach Our Goals*. New York: Plume, 2012.

Locke, Edwin A., and Gary P. Latham, eds. *New Developments in Goal Setting and Task Performance*. New York: Routledge, 2013.

Milkman, Katy. *How to Change: The Science of Getting from Where You Are to Where You Want to Be*. New York: Penguin, 2021.

Napper, Paul, and Anthony Rao. *The Power of Agency: The 7 Principles to Conquer Obstacles, Make Effective Decisions, and Create a Life on Your Own Terms*. New York: St. Martin's, 2019.

Sullivan, Dan, con Benjamin Hardy. *The Gap and the Gain: The High Achievers' Guide to Happiness, Confidence, and Success.* Carlsbad, CA: Hay House, 2021.

PASO 1: CREE EN LA POSIBILIDAD

Dweck, Carol S. *Mindset: The New Psychology of Success.* 2nd ed. New York: Ballantine, 2016.

Hyatt, Michael, and Megan Hyatt Miller. *Mind Your Mindset: The Science That Shows Success Starts with Your Thinking.* Grand Rapids: Baker Books, 2023.

Robson, David. *The Expectation Effect: How Your Mindset Can Change Your World.* New York: Henry Holt, 2022.

Seligman, Martin E. P. *Learned Optimism: How to Change Your Mind and Your Life.* New York: Vintage, 2006.

Sonenshein, Scott. *Stretch: Unlock the Power of Less—and Achieve More Than You Ever Imagined.* New York: Harper Business, 2017.

PASO 2: PON FIN AL PASADO

Pink, Daniel H. *The Power of Regret: How Looking Backward Moves Us Forward.* New York: Riverhead, 2022.

Roese, Neal. *If Only: How to Turn Regret into Opportunity.* New York: Broadway, 2005.

Smith, Jeremy Adam, Kira M. Newman, Jason Marsh, and Dacher Keltner, eds. *The Gratitude Project: How the Science of Thankfulness Can Rewire Our Brains for Resilience, Optimism, and the Greater Good.* Oakland: New Harbinger, 2020.

PASO 3: DISEÑA TU FUTURO

Burgis, Luke. *Wanting: The Power of Mimetic Desire in Everyday Life.* New York: St. Martin's, 2021.

Dean, Jeremy. *Making Habits, Breaking Habits: Why We Do Things, Why We Don't, and How to Make Any Change Stick.* Boston: Da Capo, 2013.

Easter, Michael. *The Comfort Crisis: Embrace Discomfort to Reclaim Your Wild, Happy, Healthy Self.* New York: Rodale, 2021.

Magness, Steve. *Do Hard Things: Why We Get Resilience Wrong and the Surprising Science of Real Toughness.* New York: Harper, 2022.

Wood, Wendy. *Good Habits, Bad Habits: The Science of Making Positive Changes That Stick.* New York: FSG, 2019.

PASO 4: ENCUENTRA TU PORQUÉ

Duckworth, Angela. *Grit: The Power of Passion and Perseverance.* New York: Scribner, 2016.

Grant, Heidi. *Reinforcements: How to Get People to Help You.* Bos- ton: Harvard Business Review Press, 2018.

Hoey, J. Kelly. *Build Your Dream Network: Forging Powerful Relationships in a Hyper-Connected World.* New York: TarcherPerigree, 2017.

PASO 5: HAZ QUE SUCEDA

Hardy, Benjamin. *Willpower Doesn't Work: Discover the Hidden Keys to Success.* New York: Hachette, 2018.

Hyatt, Michael. *Free to Focus: A Total Productivity System to Achieve More by Doing Less.* Grand Rapids: Baker Books, 2019.

McChesney, Chris, Sean Covey, and Jim Huling. *The 4 Disciplines of Execution: Achieving Your Wildly Important Goals.* New York: Free Press, 2012.

Moran, Brian P., and Michael Lennington. *The 12 Week Year: Get More Done in 12 Weeks Than Others Do in 12 Months.* Hoboken, NJ: Wiley, 2013.

Oettingen, Gabriele. *Rethinking Positive Thinking: Inside the New Science of Motivation.* New York: Current, 2014.

NOTAS

LO MEJOR PARA TI ESTÁ AÚN POR LLEGAR

1. Edmund Hillary, *High Adventure: The True Story of the First Ascent of Everest* (New York: Oxford University Press, 2003), p. 226.

2. Tenzing Norgay, "The Great Mystery", en Peter Gillman, ed., *Everest: Eighty Years of Triumph and Tragedy* (Seattle: Mountaineers, 2000), p. 73.

3. Brent Yarina, "A Race to Remember", BTN, 3 de junio de 2015, http:// btn.com /2015/06/03/a-race-to-remember-i-had-no-idea-i-fell-like-that-in-inspirational-2008-run. Varios videos de la Carrera se pueden encontrar en línea.

4. Allyssa Birth, "Americans Look to Get Their Bodies and Wallets in Shape with New Year's Resolutions", Encuesta Harris, 25 de enero de 2017, https:// www.prnewswire.com/news-releases/americans-look-to-get-their-bodies-and-wallets-in-shape-with-new-years-resolu-tions-300397268.html.

5. Laura House, "Got Ready for the Gym, Packed My Gear, Went for a Burger Instead", *Daily Mail*, 7 de enero de 2016, http://www.dailymail.co.uk/femail/article-3388106/New-Year-s-resolutions-broken-just-one-week -2015.html.

6. Matthew Smith, "Only One in Five Making New Year's Resolutions for 2019", YouGov, 31 de diciembre de 2018, https://yougov.co.uk/topics/society/articles-reports/2018/12/31/only-one-five-intend-make-new-years-resolutions-20. Para más resultados de sondeos, ver "NYRs2019", YouGov, 6–7 de diciembre de 2018, https://d25d2506sfb94s.cloudfront.net/cumulus_uploads/document /307bcd90p8/Results%20for%20 Editorial%20(NYRs2019)%20293%207 .12.2018.xlsx%20%20[Group]. pdf.

7. Stacey Vanek Smith, "Why We Sign Up for Gym Memberships but Never Go to the Gym", NPR, 15 de enero de 2015, http://www.npr.org/sections /money/2014/12/30/373996649/why-we-sign-up-for-gym-memberships-but-don-t-go-to-the-gym.

8. Lista compuesta adaptada de Mona Chalabi, "How Fast You'll Abandon Your New Year's Resolutions", FiveThirtyEight, 1 de enero de 2015, https://fivethirtyeight.com/datalab/how-fast-youll-abandon-your-new-years-resolutions/; Nichole Spector, "2017 New Year's Resolutions", NBC News, 1 de enero de 2017, http://www.nbcnews.com/business/consumer/2017-new-year-s-resolutions-most-popular-how-stick-them-n701891; Lisa Cannon Green, "God Rivals the Gym among New Year's Resolutions", *Christianity Today*, 29 de diciembre de 2015, http://www.christianitytoday.com/news/2015/december/god-rivals-gym-among-new-years-resolutions.html; "NYRs2019", YouGov; Martin Armstrong, "Top US New Year's Resolutions for 2022", Statista, 11 de enero de 2022, https://www.statista.com/chart/26577/us-new-years-resolutions-gcs.

9. Yarina, "Race to Remember".

10. Bradley R. Staats, *Never Stop Learning: Stay Relevant, Reinvent Yourself, and Thrive* (Boston: Harvard University Press, 2018), p. 20.

PASO 1: CREE EN LA POSIBILIDAD

1. Jan L. Souman et al., "Walking Straight into Circles", *Current Biology* 19, no. 18 (20 de agosto de 2009): 1538–42, https://doi.org/10.1016/j. cub.2009.07.053.

CAPÍTULO 1: TUS CREENCIAS MOLDEAN TU REALIDAD

1. William I. Thomas y Dorothy Swaine Thomas, *The Child in America* (New York: Knopf, 1928), p. 572; Robert K. Merton, "The Self-Fulfilling Prophecy", *The Antioch Review* 8, no. 2 (Verano de 1948); Karl Popper, *The Poverty of Historicism* (1957; repr., New York: Routledge, 2002), p. 11.; David Robson, *The Expectation Effect: How Your Mindset Can Change Your World* (New York: Henry Holt, 2022).

2. Chris Berdik, *Mind Over Mind: The Surprising Power of Expectations* (New York: Current, 2012), p. 9.

3. Citado en Alan Shipnuck, "What Happened?", *Sports Illustrated*, 4 de abril de 2016, http://www.golf.com/tour-and-news/ what-happened-tiger-woods-it-remains-most-vexing-question-sports.

4. Carol S. Dweck, *Mindset: The New Psychology of Success* (New York: Ballantine, 2016).

5. Kelly McGonigal, *The Upside of Stress: Why Stress Is Good for You, and How to Get Good at It* (New York: Penguin Random House, 2015), p. 27.

6. *The Economist/YouGov Poll*, YouGov, 12–14 de diciembre de 2021, p. 189,

https://docs.cdn.yougov.com/pnu6yfcz0j/econTabReport.pdf.

7. Birth, "Get Their Bodies and Wallets in Shape".

8. *Economist/YouGov Poll*, 191.

9. H. A. Dorfman, *The Mental ABC's of Pitching: A Handbook for Performance Enhancement* (Lanham, MD: Rowman, 2000), pp. 212–13.

10. Rosamund Stone Zander y Benjamin Zander, *The Art of Possibility: Transforming Professional and Personal Life* (New York: Penguin, 2002), p. 1.

11. "Zappos Milestone: Q&A with Nick Swinmurn", FootwearNews. com, 4 de mayo de 2009, https://footwearnews.com/2009/business/ news/zappos-milestone-qa-with-nick-swinmurn-90543; "Amazon Closes Zappos Deal, Ends Up Paying $1.2 Billion", TechCrunch, 2 de noviembre de 2009, https://techcrunch.com /2009/11/02/ amazon-closes-zappos-deal-ends-up-paying-1-2-billion.

12. "13 Facts about Everest Expedition," Amigo Treks and Expedition, consultado en línea 6 de febrero de 2023, https://www.amigotrekking. com/blog/everest-expedition-fact.

13. Para los tiempos de la maratón de Berlín de septiembre de 2022 ver "Marathon Results

of Eliud Kipchoge", MarathonView, consultado en línea 21 de marzo de 2023, https://mara thonview.net/marathon-results-of-Eliud-Kipchoge.

14. "Kenyan Star Prepares 'Crazy' Sub-2 Marathon Bid", News24, 4 de abril de 2017, https://www.news24.com/Sport/ kenyan-star-prepares-crazy-sub-2-marathon-bid-20170403.

15. Rick Pearson, "Eliud Kipchoge: 'Breaking the two-hour marathon barrier would be like man landing on the moon'", *Runner's World*, 14 de agosto de 2019, https://www.runnersworld.com/uk/news/a28701853/ eliud-kipchoge-ineos-challenge-man-on-moon/.

16. Eric Wills, "Marathon Man", *American Scholar*, 21 de septiembre de 2018, https://theamericanscholar.org/marathon-man; Sean Gregory, "'I Don't Believe in Limits'. Marathoner Eliud Kipchoge on Breaking the 2-Hour Barrier", *Time*, 22 de octubre de 2019, https://time. com/5707230/eliud-kipchoge.

17. "Real-Life 'Daedalus' Unveils Plaque to Historic Human-Powered Flight", FAI, 11 de junio de 2016, http://www.fai.org/ciaca-sli- der-news/41366-real-life-daedalus-unveils-plaque-to-historic-hu- man-powered-flight.

18. Keith Hamm, "12-Year-Old Tom Schaar Lands 1080", ESPN, 30 de marzo de 2012, http://www.espn.com/action/skateboarding/story/_/ id/7755456/12-year-old-tom-schaar-lands-skateboarding-first-1080.

19. Nick Schwartz, "Watch Mitchie Brusco Become the First Skateboarder to Land a 1260", For the Win, *USA Today* Sports, 3 de agosto de 2019, https://ftw.usatoday.com/2019/08/watch-mitchie-brusco-become-the-first-skateboarder-to-land-a-1260.

20. Alex Hutchinson, *Endure: Mind, Body, and the Curiously Elastic Limits of Human Performance* (New York: William Morrow, 2018), p. 260.

21. Luke Burgis, *Wanting: The Power of Mimetic Desire in Everyday Life* (New York: St. Martin's, 2021), p. 15.

22. De una página del cuaderno del saxofonista Steve Lacy, publicado por Jason Kottke, "Advice on How to Play a Gig by Thelonious Monk", Kottke.org, 13 de febrero de 2017, http://kottke.org/17/02/advice-on-how-to-play-a-gig-by-thelonious-monk.

23. Arthur C. Clarke, *Profiles of the Future: An Inquiry into the Limits of the Possible* (New York: Harper, 1962), p. 14.

CAPÍTULO 2: ALGUNAS CREENCIAS TE RETIENEN

1. Heidi Grant Halvorson, *9 Things Successful People Do Differently* (Boston: Harvard Business Review Press, 2012), pp. 54–63. Ver también la discusión de Carol S. Dweck de mentalidades fijas vs. crecimiento en su libro *Mindset*, y también en su libro *Self-Theories: Their Role in Motivation, Personality, and Development* (New York: Routledge, 2016). Para más perspectiva, incluidas poblaciones de mentalidades fijas vs. crecimiento, ver Carol S. Dweck and Daniel C. Molden, "Mindsets: Their Impact on Competence Motivation and Acquisition", en Andrew J. Elliot, Carol S. Dweck, y David S. Yeager, eds., *Handbook of Competence and Motivation: Theory and Application* (New York: Guilford, 2018), p. 136.

2. Dweck y Molden, "Mindsets", p. 136.

3. Jeremy Dean, *Making Habits, Breaking Habits: Why We Do Things, Why We Don't, and How to Make Any Change Stick* (Boston: Da Capo, 2013), pp. 89–90.

4. Megan y yo escribimos *Mind Your Mindset: The Science That Shows Success Starts with Your Thinking* (Grand Rapids: Baker Books, 2023) para ayudar con este problema. La Parte 2 de ese libro hablar de interrogar nuestras historias.

5. J. R. R. Tolkien, *Roverandom* (London: Harper, 2013), p. 110.

6. Michael Grothaus, "Here's What Happened When I Gave Up Following the News for a Week", *Fast Company*, 25 de octubre de 2016, https://www.fastcompany.com/3064824/heres-what-happened-when-i-gave-up-following-the-news-for-a-week. Ver también David Robson, "Catastrophising: How Toxic Thinking Leads You down Dark Paths", *BBC Worklife*, 26 de julio de 2022, https:// www.bbc.com/worklife/article/20220725-catastrophising-how-toxic-thinking-can-lead-down-dark-path.

7. Donna Freitas, *The Happiness Effect: How Social Media Is Driving a Generation to Appear Perfect at Any Cost* (New York: Oxford, 2017), p. 39.

8. Andrea Shea, "Facebook Envy: How the Social Network Affects Our Self Esteem", WBUR, 20 de febrero de 2013, http://legacy.wbur.org/2013/02/20/facebook-perfection.

9. Timothy D. Wilson, *Redirect: Changing the Stories We Live By* (New York: Back Bay, 2015), p. 52.

10. Dr. Henry Cloud, *The Power of the Other: The Startling Effect Other People Have on You, from the Boardroom to the Bedroom and Beyond—and What to Do About It* (New York: Harper, 2016), p. 9.

11. Christian Jarrett, *Be Who You Want: Unlocking the Science of Personality Change* (New York: Simon & Schuster, 2021), pp. 25–52; ver especialmente la página 47, donde incluye un esquema para ilustrar el proceso.

12. Brent Schlender, *Becoming Steve Jobs: The Evolution of a Reckless Upstart into a Visionary Leader* (New York: Crown Business, 2015), p. 408.

13. Hillary, *High Adventure*, p. 7.

CAPÍTULO 3: PUEDES ACTUALIZAR TUS CREENCIAS

1. Martin Luther King Jr., "Letter from Birmingham Jail", 16 de abril de 1963, https://www.africa.upenn.edu/Articles_Gen/Letter_Birmingham.html.

2. Charles Duhigg, *The Power of Habit: Why We Do What We Do in Life and Business* (New York: Random House, 2012), pp. 84–85.

3. Donald Miller, *Scary Close: Dropping the Act and Finding True Intimacy* (Nashville: Thomas Nelson, 2014), pp. 12–13.

4. Erin Gruwell, *The Freedom Writers Diary: How a Teacher and 150 Teens Used Writing to Change Themselves and the World Around Them* (New York: Broadway, 2009), p. 49.

5. Albert Bandura, "Toward a Psychology of Human Agency", *Perspectives on Psychological Science* 1, no. 2 (1 de junio de 2006), https://doi.org/10.1111 /j.1745-6916.2006.00011.x.

6. Martin Luther King Jr., "Living Under the Tensions of Modern Life", en *The Papers of Martin Luther King Jr.*, vol. 6, ed. Clayborne Carson y Susan Carson (Berkeley: University of California Press, 2007), p. 265.

7. Martin Luther King Jr., "The Quest for Peace and Justice", discurso del Nobel, 11 de diciembre de 1964, https://www.nobelprize.org/prizes/peace/1964/king/lecture.

8. Julian L. Simon, *The Ultimate Resource* (Princeton: Princeton University Press, 1983).

9. Hillary, *High Adventure*, pp. 7, 33.

10. Ver Peter H. Diamandis y Steven Kotler, *Abundance: The Future Is Better than You Think* (New York: Free Press, 2014) y Ronald Bailey y Marian L. Tupy, *Ten Global Trends Every Smart Person Should Know: And Many Others You Will Find Interesting* (Washington, DC: Cato Institute, 2020). Ver también Matt Ridley, *The Rational Optimist: How Prosperity Evolves* (New York: Harper, 2011); Hans Rowling, *Factfulness: Ten Reasons We're Wrong about the World—and Why Things Are Better Than You Think* (New York: Flatiron Books, 2018); Andrew McAfee, *More from Less: The Surprising Story of How We Learned to Prosper Using Fewer Resources—and What Happens Next* (New York: Scribner, 2019); y Marian L. Tupy and Gale L. Pooley, *Superabundance: The Story of Population Growth, Innovation, and Human Flourishing on an Infinitely Bountiful Planet* (Washington, DC: Cato Institute, 2022).

11. Vivek Wadhwa, "Why Middle-Aged Entrepreneurs Will Be Critical to the Next Trillion-Dollar Business", VentureBeat, 31 de octubre de 2014, https:// venturebeat.com/2014/10/31/why-middle-aged-entrepreneurs-will-be-critical-to-the-next-trillion-dollar-business.

PASO 2: PON FIN AL PASADO

1. Jeremy Coon et al., *Napoleon Dynamite* (Beverly Hills, CA: 20th Century Fox Home Entertainment, 2004).

2. Dr. Benjamin Hardy, *Be Your Future Self Now: The Science of Intentional Transformation* (New York: Hay House, 2022), p. 22.

CAPÍTULO 4: PENSAR HACIA ATRÁS ES OBLIGADO

1. Daniel Kahneman y Dale T. Miller, "Norm Theory: Comparing Reality to Its Alternatives", en *Heuristics and Biases: The Psychology of Intuitive Judgment*, ed. Thomas Gilovich, Dale Griffin, y Daniel Kahneman (Cambridge: Cambridge University Press, 2002), p. 348.

2. Brené Brown, *Rising Strong: The Reckoning. The Rumble. The Revolution.* (New York: Spiegel & Grau, 2015), p. 270.

3. "Bob Dylan Sees Changes Blowin' in the Wind", *Mail & Guardian*, 7 de junio de 2008, https://mg.co.za/article/2008-06-07-bob-dylan-sees-changes-blowin-in-the-wind.

4. Marilyn Darling et al., "Learning in the Thick of It", *Harvard Business Review*, julio–agosto 2005, https://hbr.org/2005/07/learning-in-the-thick-of-it.

5. Sonja Lyubomirsky, Lorie Sousa, y Rene Dickerhoof, "The Costs and Benefits of Writing, Talking, and Thinking about Life's Triumphs and Defeats", *Journal of Personality and Social Psychology* 90, no. 4 (Abril de 2006), https://doi.org/10.1037/0022-3514.90.4.692.

6. Carina Chocano, "Je Regrette", *Aeon*, 16 de octubre de 2013, https://aeon.co/essays/why-regret-is-essential-to-the-good-life.

7. Hardy, *Be Your Future Self*, pp. 17–18.

8. George Santayana, *The Life of Reason* (New York: Scribner, 1905), p. 284.

CAPÍTULO 5: EL ARREPENTIMIENTO REVELA OPORTUNIDAD

1. Daniel H. Pink, *The Power of Regret: How Looking Backward Moves Us Forward* (New York: Riverhead, 2022), pp. 23–24.

2. Larry Shannon-Missal, "Tattoo Takeover", Harris Poll, 10 de febrero de 2016, http://www.theharrispoll.com/health-and-life/tattoo_takeover. html.

3. Los ejemplos de tatuajes son tomados de "malos tatuajes" en TattooNow.com, originalmente consultado en línea en 2017. Los aburridos o aventureros pueden encontrar otros miles vía Google.

4. Beatrice Aidin, "Rethinking Ink", *London Telegraph*, 23 de enero de 2016, http://www.telegraph.co.uk/beauty/body/ rethinking-ink-how-tattoos-lost-their-cool.

5. Brown, *Rising Strong*, p. 211.

6. Janet Landman, *Regret: The Persistence of the Possible* (Oxford: Oxford University Press, 1993), p. 15.

7. Brown, *Rising Strong*, p. 213.

8. Landman, *Regret*, pp. 21–29.

9. Neal J. Roese y Amy Summerville, "What We Regret Most . . . and Why", *Personality and Social Psychology Bulletin* 31, no. 9 (septiembre de 2005), https://doi.org/10.1177/0146167205274693.

10. Pink, *Power of Regret*, pp. 202–3.

11. Roese y Summerville, "What We Regret Most".

12. Sarah Graham, "Brain Region Tied to Regret Identified", *Scientific American*, 8 de agosto de 2005, https://www.scientificamerican.com/ article/brain-region-tied-to-regr. Ver el estudio original aquí: Giorgio Coricelli et al., "Regret and Its Avoidance: A Neuroimaging Study of Choice Behavior", *Nature Neuroscience* 8 (Agosto de 2005): 1255–62, https://doi.org/10.1038/nn1514, junto con seguimiento aquí: Angela Ambrosino, Nadège Bault, y Giorgio Coricelli, "Neural Foundation for Regret-Based Decision Making", *Revue d'économie politique* 118, no. 1 (enero-febrero 2008): pp. 63–73, https://doi.org/10.3917 /redp.181.0063.

13. Neal Roese, *If Only: How to Turn Regret into Opportunity* (New York: Broadway, 2005), pp. 196–97.

CAPÍTULO 6: LA GRATITUD MARCA LA DIFERENCIA

1. Don Yaeger, "Welcome to Krzyzewskiville," *Success*, 10 de agosto de 2015, http://www.success.com/article/welcome-to-krzyzewskiville.

2. Robert A. Emmons y Anjali Mishra, "Why Gratitude Enhances Well-Being", en *Designing Positive Psychology*, ed. Kennon M. Sheldon et al. (Oxford: Oxford University Press, 2011), p. 254.

3. David DeSteno, Ye Li, y Jennifer S. Lerner, "Gratitude: A Tool for Reducing Economic Impatience", *Psychological Science* 25, no. 6 (abril de 2014): pp. 1262–67, https://doi.org/10.1177/0956797614529979.

4. Citado en Martha C. White, "Be Thankful, Save More", *Today*, 13 de junio de 2014, http://www.today.com/money/be-thankful-save-more-study-says-gratitude-helps-us-reach-1D79801892.

5. Michele M. Tugade y Barbara L. Fredrickson, "Resilient Individuals Use Positive Emotions to Bounce Back from Negative Emotional Experiences", *Journal of Personality and Social Psychology* 86, no. 2 (febrero de 2004): pp. 320–33, https://doi.org/10.1037/0022-3514.86.2.320.

6. David DeSteno, "How Gratitude Can Help You Achieve Your Goals", en *The Gratitude Project: How the Science of Thankfulness Can Rewire Our Brains for Resilience, Optimism, and the Greater Good*, ed. Jeremy Adam Smith, Kira M. Newman, Jason Marsh, y Dacher Keltner (Oakland: New Harbinger, 2020), pp. 53–54.

7. Emmons y Mishra, "Why Gratitude Enhances Well-Being", p. 250.

8. John Kralik, *365 Thank Yous: The Year a Simple Act of Daily Gratitude Changed My Life* (New York: Hachette, 2015), p. 14.

9. Basado en entrevistas publicadas en Michael Hyatt, *Set Yourself Up for Your Best Year Ever* (self-pub. PDF, 2014).

10. Basado en estrevistas en Hyatt, *Set Yourself Up*.

11. Jeremy Adam Smith, "How to Cultivate Gratitude in Yourself", en Smith et al., *Gratitude Project*, pp. 76–79.

12. Wilson, *Redirect*, pp. 62–63. Incidentalmente, Jeremy Adam Smith recomienda la misma práctica; ver Smith, "How to Cultivate Gratitude", pp. 75–76.

PASO 3: DISEÑA TU FUTURO

1. "Biltmore Estate's Secret Passages," *Atlas Obscura*, August 8, 2018, https://www.atlasobscura.com/places/biltmore-secret-doors-hidden-passages. 2. Robin Abcarian, "California Journal: Guns, Ghosts and Guilt: Helen Mirren Portrays the Widow Whose Winchester Mystery House Defies Logic," *Los Angeles Times*, May 10, 2017, https://www.latimes.com/local/abcarian/la-me-abcarian-winchester-mystery-20170510-story.html.

CAPÍTULO 7: LAS GRANDES METAS MARCAN SIETE CASILLAS

1. Micheline Maynard, "Incentives Still Leave GM Short of Market Goal", *New York Times*, 22 de octubre de 2002, http://www.nytimes.com/2002/10/22/business/incentives-still-leave-gm-short-of-market-goal.html.

2. Drake Bennett, "Ready, Aim . . . Fail," *Boston Globe*, 15 de marzo de 2009, http://archive.boston.com/bostonglobe/ideas/articles/2009/03/15/ready_aim _fail; Chris Woodyard, "GM Bailout Played Out over Five Years," *USA Today*, 9 de diciembre de 2013, https://www.usatoday.com/story/money/cars/2013/12/09/gm-bailout-timeline/3929953.

3. Ver, por ejemplo, Lisa D. Ordóñez, Maurice E. Schweitzer, Adam D. Galinsky, y Max H. Bazerman, "Goals Gone Wild", *Academy of Management Perspectives* 23, no. 1 (febrero de 2009), http://www.hbs.edu/faculty /Publication%20Files/09-083.pdf.

4. Lawrence Tabak, "If Your Goal Is Success, Don't Consult These Gurus", *Fast Company*, 31 de diciembre de 1996, https://www.fastcompany.com/27953/if-your-goal-success-dont-consult-these-gurus.

5. Gail Matthews, "The Effectiveness of Four Coaching Techniques in Enhancing Goal Achievement", presentado en la Ninth Annual International Conference on Psychology, patrocinado por el Athens Institute for Education and Research, May 25–28, 2015, http://www.dominican.edu/academics/ahss /undergraduate-programs/psych/faculty/assets-gail-matthews/researchsum mary2.pdf.

6. Robson, *Expectation Effect*, 165. Ver también Cheryl J. Travers, *Reflective Goal Setting: An Applied Approach to Personal and Leadership Development* (Cham, Switzerland: Palgrave Macmillan, 2022), pp. 33–44.

7. Hay diferentes versiones de lo que significaba originalmente el acrónimo SMART:

Específica, Medible, Factible, Realista, Tiempo

Específica, Medible, Factible, Orientada a resultados, Tiempo

Específica, Medible, Factible, Relevante, Tiempo

Conceptualmente, se acercan bastante. Pero, como verás, ninguna lista contiene todos los elementos necesarios. Steve Kerr y Douglas LePelley, "Stretch Goals: Risks, Possibilities, and Best Practices", en *New Developments in Goal Setting and Task Performance*, ed. Edwin A. Locke y Gary P. Latham (New York: Routledge, 2013), p. 23; P. J. Matre et al., "Working with Goals in Therapy", en Locke y Latham, *New Developments*, p. 479; Charles Duhigg, *Smarter Faster Better* (New York: Random House, 2016), p. 116.

8. Johnmarshall Reeve, *Understanding Motivation and Emotion*, 7th ed. (Hoboken, NJ: Wiley, 2018), p. 188.

9. Edwin A. Locke y Gary P. Latham, "Goal Setting Theory", en Locke y Latham, *New Developments*, p. 5.

10. Gabriele Oettingen, Karoline Schnetter, y Hyeon Ju Pak, "Self-Regulation of Goal Setting: Turning Free Fantasies about the Future into Binding Goals", *Journal of Personality and Social Psychology* 80, no. 5 (mayo de 2001): pp. 736–53, https://doi.org/10.1037/0022-3514.80.5.736.

11. Scott G. Wallace y Jordan Etkin, "How Goal Specificity Shapes Motivation: A Reference Points Perspective", *Journal of Consumer Research* 44, no. 5 (febrero de 2018): pp. 1033–51, https://doi.org/10.1093/jcr/ucx082.

12. Timothy A. Pychyl, "Goal Progress and Happiness", *Psychology Today*, 7 de junio de 2008, https://www.psychologytoday.com/blog/dont-delay/200806/goal-progress-and-happiness.

13. Charles S. Carver y Michael F. Scheier, *On the Self-Regulation of Behavior* (Cambridge: Cambridge University Press, 1998), p. 123.

14. Reeve, *Understanding Motivation and Emotion*, p. 190.

15. John Doerr, *Measure What Matters: How Google, Bono, and the Gates Foundation Rock the World with OKRs* (New York: Penguin Random House, 2018), pp. 234–44.

16. Locke y Latham, "Goal Setting Theory", p. 5.

17. Daniel Kahneman, *Thinking, Fast and Slow* (New York: FSG, 2011), pp. 302–3.

18. Heidi Grant, "Here's What Really Happens When You Extend a Deadline", *Harvard Business Review*, 19 de agosto de 2013, https://hbr.org/2013/08 /heres-what-really-happens-when.

19. Locke y Latham, "Goal Setting Theory", p. 9.

20. Sarah Milne, Sheina Orbell, y Paschal Sheeran, "Combining Motivational and Volitional Interventions to Promote Exercise Participation", *British Journal of Health Psychology* 7, no. 2 (2002): pp. 163–84, https://doi.org /10.1348/135910702169420.

21. Alice G. Walton, "What Happened to Your Goals?", *Chicago Booth Review*, 23 de febrero de 2017, http://review.chicagobooth.edu/behavioral-science/2017/article/what-happened-your-goals.

22. Mike Gayle, *The To-Do List* (London: Hodder & Stoughton, 2009).

CAPÍTULO 8: EN SERIO, EL RIESGO ES TU AMIGO

1. Dean Karnazes, *The Road to Sparta: Reliving the Ancient Battle and Epic Run That Inspired the World's Greatest Footrace* (New York: Rodale, 2016).

2. Katie Arnold, "Drafting Dean: Interview Outtakes", *Outside*, 8 de diciembre de 2006, https://www.outsideonline.com/1885421/drafting-dean-interview-outtakes.

3. Ver D. Christopher Kayes, *Destructive Goal Pursuit: The Mount Everest Disaster* (New York: Palgrave, 2006), junto con Ordóñez et al., "Goals Gone Wild".

4. "The Quantified Serf", *The Economist*, 5 de marzo de 2015, https://medium.com/s/creative-destruction/the-quantified-serf-413ad8619a99.

5. Charles Moore, *Daniel H. Burnham: Architect, Planner of Cities* (Boston: Houghton Mifflin, 1921), p. 147.

6. *Desert Runners*, dirigido por Jennifer Steinman (Oakland, CA: Smush Media, 2013).

7. Roy M. Wallack, "Why Magician Penn Jillette Fasts 23 Hours a Day to Maintain His 100-Pound Weight Loss", *Los Angeles Times*, 15 de junio de 2019, https://www.latimes.com/health/la-he-penn-jillette-weight-loss-20190615-story.html.

8. Katherine Mangu-Ward, "Interview: Penn Jillette", *Reason*, enero de 2017, https://reason.com/2016/12/21/penn-jillette.

9. Kerr and LePelley, "Stretch Goals", p. 21.

10. McGonigal, *Upside of Stress*, p. 86.

11. Kerr y LePelley, "Stretch Goals," pp. 23–24.

12. Kerr y LePelley, "Stretch Goals", p. 29.

13. Citado en Arnold, "Drafting Dean".

CAPÍTULO 9: LOS LOGROS Y LOS HÁBITOS TRABAJAN JUNTOS

1. Ver Wendy Wood, *Good Habits, Bad Habits: The Science of Making Positive Changes That Stick* (New York: FSG, 2019), pp. 83–144; Russell A. Poldrack, *Hard to Break: Why Our Brains Make Habits Stick* (Princeton: Princeton University Press, 2021), pp. 45–59; Duhigg, *Power of Habit*, pp. 31–59; y Dean, *Making Habits*, pp. 131–70.

2. Poldrack, *Hard to Break*, pp. 165–66.

3. "Katherine Rundell on the Art of Words (Ep. 168)", entrevista por Tyler Cowen, *Conversations with Tyler* podcast, 11 de enero de 2023, https://conversationswithtyler.com/episodes/katherine-rundell.

PASO 4: ENCUENTRA TU PORQUÉ

1. Donald Miller, *A Million Miles in a Thousand Years: What I Learned While Editing My Life* (Nashville: Thomas Nelson, 2009), pp. 177–79.

CAPÍTULO 10: TU QUÉ NECESITA UN PORQUÉ

1. Brené Brown, *The Gifts of Imperfection: Let Go of Who You Think You're Supposed to Be and Embrace Who You Are* (Center City, MN: Hazelden, 2010), p. 66.

2. Kennon M. Sheldon y Andrew J. Elliot, "Goal Striving, Need Satisfaction, and Longitudinal Well-Being", *Journal of Personality and Social Psychology* 76, no. 3 (1999), https://selfdeterminationtheory.org/SDT/documents/1999_SheldonElliot.pdf.

3. Nikos Ntoumanis et al., "When the Going Gets Tough: The 'Why' of Goal Striving Matters", *Journal of Personality* 82, no. 3 (junio de 2014): pp. 225–36, https://doi.org/10.1111/jopy.12047.

4. Ntoumanis et al., "Going Gets Tough".

5. Aisha Nga, "Hip-Hop Mogul Leaves His Business Behind to Focus on Health", CNN, 30 de julio de 2018, https://www.cnn.com/2018/07/27/health /turning-points-charlie-jabaley-hip-hop-music-mogul-inspirational-athlete.

6. Burgis, *Wanting*, pp. 137, 157–58.

7. Duhigg, *Power of Habit*, p. 51.

CAPÍTULO 11: PUEDES CONTROLAR TU PROPIA MOTIVACIÓN

1. Kaitlin Woolley y Ayelet Fishbach, "The Experience Matters More Than You Think: People Value Intrinsic Incentives More Inside Than Outside an Activity", *Journal of Personality and Social Psychology* 109, no. 6 (2015): pp. 968–82, https://doi.org/10.1037/pspa0000035.

2. Duhigg, *Power of Habit*, p. 51.

3. Anders Ericsson y Robert Pool, *Peak: Secrets from the New Science of Expertise* (New York: Houghton Mifflin, 2016), p. 172.

4. Dean, *Making Habits*, pp. 5–7.

5. Citado en Brad Isaac, "Jerry Seinfeld's Productivity Secret", *LifeHacker*, 24 de julio de 2007, http://lifehacker.com/281626/jerry-seinfelds-pro-ductivity-secret. Ver también Dean, *Making Habits*, p. 131.

6. James Linville y George Plimpton, "Fran Lebowitz, A Humorist at Work", *The Paris Review*, verano de 1993, https://www.theparisreview.org/miscellaneous/1931/a-humorist-at-work-fran-lebowitz.

7. Ayelet Fishbach, *Get It Done: Surprising Lessons from the Science of Motivation* (New York: Hachette, 2022), pp. 58–61.

8. Fishbach, *Get It Done*, p. 61.

9. Ver Dan Sullivan con Benjamin Hardy, *The Gap and the Gain: The High Achievers' Guide to Happiness, Confidence, and Success* (New York: Hay House, 2021).

10. Fishbach, *Get It Done*, pp. 106–7.

11. Chris McChesney, Sean Covey, y Jim Huling, *The 4 Disciplines of Execution: Achieving Your Wildly Important Goals* (New York: Free Press, 2012).

CAPÍTULO 12: EL VIAJE ES MEJOR CON AMIGOS

1. J. R. R. Tolkien, *The Letters of J. R. R. Tolkien*, ed. Humphrey Carpenter (Boston: Houghton Mifflin, 1981), pp. 23–24.

2. Tolkien, *Letters*, p. 38.

3. Tolkien, *Letters*, p. 166.

4. Tolkien, *Letters*, p. 184.

5. Tolkien, *Letters*, p. 362.

6. John Swansburg, "The Self-Made Man", *Slate*, 29 de septiembre de 2014, http://www.slate.com/articles/news_and_politics/his-tory/2014/09/the_self_made_man_history_of_a_myth_from_ben_franklin_to_andrew_carnegie.html.

7. Proverbios 27:17.

8. Proverbios 22:24–25.

9. Cloud, *Power of the Other*, p. 78.

10. Staats, *Never Stop Learning*, p. 157.

11. Walton, "What Happened to Your Goals?".

12. Derek Sivers, "Keep Your Goals to Yourself", TED, julio de 2010, https://www.ted.com/talks/derek_sivers_keep_your_goals_to_yourself.

13. Duhigg, *Power of Habit*, p. 85.

14. Duhigg, *Power of Habit*, pp. 88–89.

15. Enrico Moretti, *The New Geography of Jobs* (New York: Mariner, 2013), p. 141.

16. Joshua Wolf Shenk, "The Power of Two", *Atlantic*, julio–agosto de 2014, https://www.theatlantic.com/magazine/archive/2014/07/the-power-of-two /372289.

17. The Samson Society (SamsonSociety.com) es un grupo cristiano para rendir cuentas para hombres, fundado por Nate Larkin.

PASO 5: HAZ QUE SUCEDA

1. Citado en Rick Beard, "The Napoleon of the American Republic", Opinionator, *New York Times*, 31 de octubre de 2011, https://opinionator.blogs .nytimes.com/2011/10/31/the-napoleon-of -the-american-republic.

2. Stephen Sears, "McClellan at Antietam", American Battlefield Trust, consultado en línea 15 de febrero de 2023, https://www.battlefields.org/learn/articles/mc clellan-antietam. Para la historia complete, ver Stephen Sears, *George B. Mc-Clellan: The Young Napoleon* (New York: Ticknor & Fields, 1998), pp. 270–323.

CAPÍTULO 13: UN VIAJE SON MUCHOS PASOS

1. Robert Marchant, "Greenwich Man, 71, to Run up Empire State Building's 1,576 Stairs—despite Replaced Hip, Busted Knee", *Greenwich Time*, 4 de octubre de 2022, https://www.greenwichtime.com/news/article/Old-Green wich-1-576-stairs-Empire-State-Building-17478237.php.

2. Ver "Eat a Live Frog Every Morning, and Nothing Worse Will Happen to You the Rest of the Day", Quote Investigator, 3 de abril de 2013, http:// quoteinvestigator.com/2013/04/03/eat-frog.

3. Francesca Gino y Bradley Staats, "Your Desire to Get Things Done Can Undermine Your Effectiveness", *Harvard Business Review*, 22 de marzo de 2016, https://hbr.org/2016/03/your-desire-to-get-things-done-can-undermine -your-effectiveness.

4. Chris Napolitano, "Having a Backup Plan Might Be the Very Reason You Failed", *Aeon*, 16 de junio de 2016, https://aeon.co/ideas/having-a-backup-plan -might-be-the-very-reason-you-failed.

5. W. H. Murray, *The Scottish Himalayan Expedition* (London: J. M. Dent & Sons, 1951), pp. 6–7.

6. Beard, "Napoleon of the American Republic".

CAPÍTULO 14: LA VISIBILIDAD ES ESENCIAL

1. James H. Doolittle con Carroll V. Glines, *I Could Never Be So Lucky Again* (New York: Bantam, 1991), p. 130.

2. Doolittle, *Never Be So Lucky*, p. 132.

3. Doolittle, *Never Be So Lucky*, p. 150.

4. Cheryl J. Travers, "Using Goal Setting Theory to Promote Personal Development", en Locke y Latham, *New Developments*, pp. 603–19.

5. Christopher Bergland, "The Neuroscience of Perseverance", *Psychology Today*, 26 de diciembre de 2011, https://www.psychologytoday.com/blog/the-athletes-way/201112/the-neuroscience-perseverance.

6. Karnazes, *Road to Sparta*, pp. 108–9.

CAPÍTULO 15: PUEDES DESENCADENAR EL ÉXITO

1. Heidi Grant, "Get Your Team to Do What It Says It's Going to Do", *Harvard Business Review*, mayo de 2014, https://hbr.org/2014/05/get-your-team-to-do-what-it-says-its-going-to-do.

2. Thomas Llewelyn Webb y Paschal Sheeran, "How Do Implementation Intentions Promote Goal Attainment? A Test of Component Processes", *Journal of Experimental Social Psychology* 43, no. 2 (marzo de 2007): pp. 295–302, https://doi.org/10.1016/j.jesp.2006.02.001.

3. Grant, "Get Your Team to Do What It Says".

4. Peter M. Gollwitzer y Gabriele Oettingen, "Planning Promotes Goal Striving", en *Handbook of Self-Regulation*, 2nd ed., ed. Kathleen D. Vohs and Roy F. Baumeister (New York: Guilford, 2011), p. 165.

EL PRINCIPIO LEAP

1. Clarke, *Profiles of the Future*, pp. 1–11.

2. Citado en Steven J. Zaloga, *George S. Patton: Leadership-Strategy-Conflict* (Oxford: Osprey, 2010), p. 12.

3. Michael Keane, *Patton: Blood, Guts, and Prayer* (Washington, DC: Regnery, 2012), p. 156.

4. "Patton's Career a Brilliant One," *New York Times*, 22 de diciembre de 1945, http://www.nytimes.com/learning/general/onthisday/bday/1111.html.

AGRADECIMIENTOS

Déjame decirte cómo sucedió esto: Megan Hyatt Miller es mi hija mayor y la jefa de operaciones de Full Focus. En el otoño de 2013 ella dijo: "Papá, tienes un enfoque único del establecimiento de metas. Creo que debería entrevistarte sobre eso para la Universidad Platform [mi anterior página web de membresía]. Podríamos usarlo como una clase maestra en enero". Yo creí que era una buena idea, así que estuve de acuerdo.

Unos días después, Megan le presentó la idea a Stu McLaren, nuestro socio en la Universidad Platform®. **A él le encantó la idea**, pero sugirió que lo convirtiéramos en un curso independiente en el Internet. Todos estábamos emocionados al respecto, y unas semanas después estábamos en Toronto grabándolo. Así nació 5 Días para tu Mejor Año™.

Desde ese tiempo, más de cincuenta mil estudiantes de más de cien países han tomado el curso. De su éxito creamos un evento en vivo que presentamos en enero el día 1 de enero. También presenté una serie de talleres personales trimestrales para nuestros estudiantes más dedicados, lo cual finalmente se transformó en un programa completo de coaching. Además, desde luego, este libro; ya está en su segunda edición.

Nada de esto habría sucedido si no hubiera sido por la visión, creatividad, aliento y duro trabajo de Megan y Stu. Gracias a los dos.

Mi esposa Gail es una fuente constante de ánimo. Ella nunca tiene miedo a decir lo que piensa y a expresar su opinión, pero siempre lo hace de una manera que es amorosa y amable, algo que se ha convertido en su marca a la hora de tratar con todos los que la conocen.

Joel Miller es nuestro jefe de contenidos en Full Focus. Él me ayudó a confeccionar este manuscrito utilizando los materiales en bruto de mi curso, posts del blog, podcasts y seminarios en línea, y mis relaciones con los estudiantes tanto en el Internet como fuera. Se ha convertido verdaderamente en mi socio y colaborador creativo. Estoy agradecido por su capacidad para analizar, sintetizar y organizar mis contenidos para darles forma final. No puedo imaginar embarcarme en cualquier empresa creativa sin él a mi lado.

Joel trabajó con Jessica Rogers y Leeanna Nelson para completar esta segunda edición. Estoy agradecido por sus aportaciones.

Mi agente literario, Bryan Norman de Alive Communications, se ha convertido en una parte muy valiosa de nuestro equipo. Ha estado involucrado en cada fase de este proyecto, desde la idea hasta la publicación. Él es mi asesor de confianza para todo lo relacionado con mis proyectos editoriales. No solo es muy inteligente, sino también muy receptivo y casi impecable en su ejecución. Su rápido ingenio y su actitud despreocupada son un beneficio añadido.

Estoy agradecido por mi primer editor en Baker, Chad Allen, por su visión, comentarios creativos y paciencia al trabajar con nosotros en este proyecto. Él ha sido una comadrona literaria a la hora de ayudarme a dar a luz a este proyecto.

También me gustaría dar gracias a todos mis amigos en Baker Books, especialmente a Dwight Baker, Brian Vos, Mark Rice, y Kristin Adkinson. Su enfoque de la industria editorial es singularmente amigable con el autor. La primera edición de *Tu mejor año* fue nuestro segundo proyecto juntos. Hemos hecho varios desde entonces y tenemos otros próximamente. Estoy profundamente agradecido por nuestra colaboración editorial.

Dean Rainey, de Rayney Media, también dejó sus huellas en este proyecto. Él ayudó a dar forma al contenido inicial del curso y ha colaborado con nosotros en cada una de las interacciones. Su coaching y fe en mí han sido muy valiosos.

Quiero dar las gracias especialmente a los alumnos de mi curso 5 *Días para tu mejor año,* incluidos quienes han compartido sus historias en este libro:

Natalee Champlin (NataleeChamplin.com)

Ray Edwards (RayEdwards.com)

James "J.R." Reid (JamesReid.com)

H. Blake Edwards (HBlakeEdwards.com)

Sundi Jo Graham (SundiJo.com)

Scott Kedersha (ScottKedersha.com)

Ustedes se han convertido en algo más que mis alumnos; son ustedes mis maestros.

Finalmente, sería negligente si no mencionara a mi increíble equipo en Full Focus.

ACERCA DEL AUTOR

Michael Hyatt es el fundador y director general de Michael Hyatt & Company, una empresa de desarrollo de liderazgo dedicada a ayudar a personas de alto desempeño a ganar en el trabajo y tener éxito en la vida. Como expresidente y director general de Thomas Nelson Publishers, es también el autor del éxito de ventas del *USA Today*, *Living Forward* (Planifica tu futuro) del que fue coautor Daniel Harkavy, y el éxito de ventas del *New York Times*, *Platform: Get Noticed in a Noisy World* (Plataforma: Hazte oír en un mundo ruidoso).

Su blog, MichaelHyatt.com, está catalogado por Google en los principales 0,5 por ciento de todos los blogs con más de un millón de visitas al mes, y ha sido presentado en publicaciones como *The Wall Street Journal*, *Forbes*, *Fast Company*, *Inc.*, y *Entrepreneur*.

Michael es el creador de varios cursos en la Internet, incluidos *5 días para Tu mejor año*™ y *Libre para enfocarte (Free to Focus)*™, y la comunidad en línea Universidad Platform®.

Aunque a Michael le encanta su trabajo, no es lo más importante en su vida. Esa posición le pertenece a su familia. Ha estado casado con su esposa, Gail, por treinta y nueve años. Tienen cinco hijas, tres yernos, y ocho nietos, y viven en las afueras de Nashville, Tennessee.

Página web: MichaelHyatt.com

Twitter: @michaelhyatt

Facebook: facebook.com/michaelhyatt

ÍNDICE